新产业·新乡村 绿水青山系列丛书

乡村移动营销

主　编　曲文涛　陈　熹

北京邮电大学出版社
www.buptpress.com

内 容 简 介

本书结合实例介绍了新形势下"互联网＋"新型乡村经济的发展思路，系统、全面地介绍了移动互联网营销的思维模式、落地战术与实用方法。

全书主要内容包括移动互联网与移动互联网思维、O2O 与移动支付、APP 营销、微博营销、微信营销、社交媒体营销、自媒体营销、软文营销、事件营销。

图书在版编目（CIP）数据

乡村移动营销 / 曲文涛，陈熹主编 . -- 北京：北京邮电大学出版社，2018.9（2020.11重印）
ISBN 978-7-5635-5420-1

Ⅰ.①乡… Ⅱ.①曲… ②陈… Ⅲ.①农业经营—网络营销—中国 Ⅳ.①F324

中国版本图书馆 CIP 数据核字（2018）第 061368 号

书　　　　名：	乡村移动营销
著作责任者：	曲文涛　陈　熹　主编
责任编辑：	满志文　穆菁菁
出版发行：	北京邮电大学出版社
社　　　　址：	北京市海淀区西土城路 10 号（邮编：100876）
发　行　部：	电话：010-62282185　传真：010-62283578
E-mail：	publish@bupt.edu.cn
经　　　　销：	各地新华书店
印　　　　刷：	北京九州迅驰传媒文化有限公司
开　　　　本：	720 mm×1 000 mm　1/16
印　　　　张：	9
字　　　　数：	176 千字
版　　　　次：	2018 年 9 月第 1 版　2020 年 11 月第 4 次印刷

ISBN 978-7-5635-5420-1　　　　　　　　　　　　　　　定　价：19.50 元

· 如有印装质量问题，请与北京邮电大学出版社发行部联系 ·

前　言

　　2017年10月18日,习近平同志在党的十九大报告中指出,必须树立和践行绿水青山就是金山银山的理念,坚持节约资源和保护环境的基本国策。大力发展乡村新型环保型产业将是未来乡村产业发展的基调。本书结合最新的案例,步骤翔实易懂,内容生动实用,为乡村地区移动营销创业者、经营者提供了完善的解决方案。

　　虽然移动营销还是一个新的营销渠道,但在未来的10年里会很快地成为商家连接客户的首要途径。这是因为人们已经逐渐对数字通信方式熟悉并依赖,这其中就包括手机的使用。有数据显示,早在2012年全球手机用户达到45亿,普及率为65.7%,远远超过固定电话用户,手机已经成为主要的通信工具。而目前中国手机用户数量已超10亿……而每个月3500亿条横跨全世界,15%与商业和市场营销息息相关的短信,逐渐成为移动营销的主角。

　　说到新型的移动营销,想必大家都会想到APP。随着我国智能手机和平板电脑出货量的增长,带来了移动应用快速和多样化的发展,且成为应用下载量增长最快的国家。这代表着APP在移动互联网发展过程中举重若轻的位置,也从另一个层面显示着APP在移动营销中的闪亮价值。APP是移动互联网的活跃因子,是移动互联网产业的新鲜血液,更是移动整合营销服务中的核心要素,新型的整合了各种移动互联网先进技术和推广手段的移动营销方案首先离不开的即是APP的牵线搭桥。

　　随着新媒体技术的发展,手机成为人们生活中重要的信息传递工具,成了人类社会的"影子媒体"。其传递信息的快捷、便利、准确超越了以往的任何媒体,并实现了精确的分众化传播——到达每个受众点,同时每个受众都可以成为信息的传递者。在新媒体的研究中,受众研究处于中心位置。

　　本书主要面向乡村地区进行互联网创业的初、中级读者,由于本书提供了内容翔实、适用度高的案例分析,可使基础知识相对缺乏的读者轻松入门,了解各类营销渠道,为自己的创业之路打下坚实的基础。

编　者

目 录

生活篇

实训一　美团 …………………………………………………………… 2

实训二　直播营销 ……………………………………………………… 16

实训三　微博营销 ……………………………………………………… 27

交易篇

实训四　手机淘宝 ……………………………………………………… 44

实训五　闲鱼 …………………………………………………………… 58

实训六　微店 …………………………………………………………… 67

微商篇

实训七　微信朋友圈营销 ……………………………………………… 79
　任务一　微信朋友圈基础与操作 …………………………………… 79
　任务二　微信朋友圈营销与技巧 …………………………………… 85

实训八　微信订阅号营销 ……………………………………………… 95
　任务一　微信订阅号注册 …………………………………………… 96
　任务二　微信订阅号菜单项添加与编辑 …………………………… 102
　任务三　微信订阅号信息编辑与发布 ……………………………… 111

实训九　QQ营销 ……………………………………………………… 122
　任务一　QQ基础与操作 …………………………………………… 122
　任务二　QQ营销技巧 ……………………………………………… 133

生活篇

实训一 美 团

一、我要知道

美团网成立于 2010 年,创始人为王兴,其经营范围是网络购物,其宗旨是为消费者发现最值得信赖的商家,同时让消费者享受超低折扣的优质服务,美团网自上线以来,发展迅速,和拉手网等团购网站竞争激烈,成为国内主要的团购网址的代表。美团网作为最早一批团购网站的代表,每天推出一单精品消费,包括餐厅、酒吧、KTV、SPA、美发店等,网友能够以低廉的价格进行团购并获得优惠券。团购一次也是给商家提供最大收益的互联网推广。

美团网一贯坚持与商家平等、互利、共赢的合作标准,作为一家本地化服务类电子商务企业,美团网竭诚服务于各城市的商家和消费者,并追求低成本、高效率,不仅帮助消费者发现生活当中的乐趣,为消费者提供非常好的本地化精品消费指南,带来消费折扣,同时还帮助商家更好地按效果付费以获得新顾客。

1. 美团市场占有率(图 1-1)

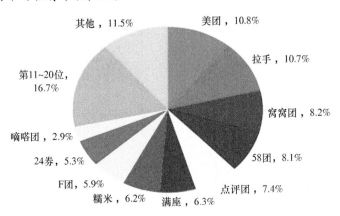

图 1-1 团购网站 10 强网站排名

由图 1-1 可以明显地看出,在团购网站中美团网和拉手网占绝对优势。

2. 美团网营销优势

作为团购的组织者,美团网按效果收费,每增加一个购买人,就获得一份佣金。

如果参加人数不够,款项会退回到消费者账户,而商家则体验了一把免费的网络推广。其具体优势如下。

(1) 美团是国内第一家团购网站,也是国内第一批拿到团购资质的网站,比较专业。虽然王兴坦言美团是学习国外的团购网站的运营模式,但是其毕竟是中国第一家团购网站,经验和用户依赖度较高,这是一种先入为主的优势。

(2) 美团网的品牌知名度占优势,它带动并引领了中国团购行业的发展;美团网拥有数百万的注册用户且保持持续高速增长;美团网创始人王兴曾先后6次创业,至今校内网、海内网、饭内网等依然耳熟能详。

(3) 美团网运营经验丰富,它有着强大的商务洽谈团队,有着丰富的商业合作经验。美团网现已在全国大多数城市建立分站,且在各地保持领先地位,对本地消费者有着深入的了解,不同城市的本地团队积累了大量的本土经验和优秀做法。

(4) 美团运营的是C2B模式,连接的是消费者和商家,是从客户的需求选择商家,通过问卷和客户分析,美团去了解客户需要什么,美团主打到店消费,不会受到第三方物流平台的制约。

(5) 新融资渠道的加入,首轮融资由阿里巴巴领头,北极光、红杉资本、华登国际跟投。北极光合伙人邓峰是王兴的清华校友,红杉资本是美团网的首轮投资商,而华登国际也拥有丰富的互联网投资经验。

(6) 美团网严格控制成本,有节奏地完成多个城市布局;作为唯一不做线下广告的团购网站,美团网日访问量超过300万人次,流量稳居团购业第一。

二、我的目标

(1) 理解美团营销模式。
(2) 掌握美团营销策略。
(3) 掌握美团商家入驻操作方法。
(4) 灵活运用美团营销工具。

三、我来操作

1. 美团理论知识

美团网始终遵循"消费者第一、商家第二、美团第三"的原则,自成立之初就非常重视诚信经营,迄今已有一整套体系为消费者提供好价格、好商品和好服务。

美团网是国内第一家在消费者消费后,让消费者对消费进行评价的团购网站,以便于他们能够及时地发现消费中存在的问题。它也是国内第一家在消费者美团券过期前会多次给消费者发短信提醒的团购网站,同时也是国内第一家组建大型客服中心的团购网站。销售额快速增长,客服电话是否能接通成为消费体验中非常重要的一个要素。

美团网是第一家推出团购券过期包退的团购网站,并在美团网成立一周年时一次性退款上千万元。在此之前,团购券过期后就不能用了,消费者预付的钱也无法取回,极大地影响了消费者对团购网站的信任,为了解决这个问题,美团网率先推出过期包退,把这笔不该拿的钱退给消费者。过期包退是美团网全球首创,连团购网站鼻祖 Groupon 至今也没实现。美团网推出了"团购无忧"售后服务计划,内容包括:购买七天后未消费无条件退款,消费不满意美团就免单,过期未消费一键退款。

(1) 美团网提供的产品及服务

第一,提供团购产品信息,为客户提供其所需要的产品且大多为高折扣的产品。

第二,美团商家营销平台,作为供应商的一个广告渠道,为其产品进行营销。

第三,开放 API 文档。

第四,美团联盟。

第五,消费者保障服务,包括未消费随时退款,过期未消费无条件退款,极速退款,不满意就免单。

(2) 美团赢利模式

第一,佣金模式。美团网最主要的赢利模式是通过出售团购商品,直接赚取中间的差价;或者通过出售商品进行高百分比的抽成;或者通过协议帮商家做折扣促销,按照协议金额形成收入。

第二,广告收入。客户在美团网上做广告,美团网由此收取广告费。

第三,转介费模式。美团网直接将网页链接到产品所属公司,让产品所属公司获得更多被知晓的机会,甚至开发出更多潜在客户,因此美团网通过向该公司收取转介费用。

第四,活动回扣。商家在美团上做活动和展会时,美团会收取回扣,获得收入。

(3) 目标客户分析

美团网的目标客户有如下两类。

第一类是消费者。18～40岁的接受一定文化教育的中产或中产以上的阶层,主要是公司白领和在校学生,因为这部分人群具有强大的消费能力,也是当今网民的主体。

第二类是商家。商家主要是所提供的产品边际成本较低,往往不会因为提供较低的折扣而亏损很大,而且希望通过此举来起到宣传效果的小企业。

(4) 美团营销工具

第一,搜索引擎。

其目的是增加特定关键字的曝光率以增加网站的能见度,进而增加销售的机

(2) 美团注册操作步骤如下。

第一步,单击右上角的"注册"按钮,如图 1-8 所示。

第二步,输入手机号码,向右拖动滑块,获得验证码,提交验证码,如图 1-9、图 1-10 所示。

图 1-8　注册美团　　　　　　　　　图 1-9　输入手机号

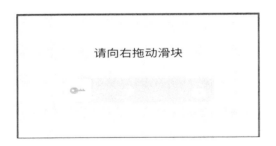

图 1-10　向右拖动滑块,获得验证码

第三步,设置密码,如图 1-11 所示。

第四步,商家入驻步骤如图 1-12 所示,单击"我要合作";选择合作类别"非餐饮代理商招募",如图 1-13 所示;填写代理商申请信息,如图 1-14 所示;填写公司信息,如图 1-15 所示;单击"保存,下一步"按钮,如图 1-16 所示。等待审核,审核通过后入驻成功。

售前审核流程如下。

美团网与任何商家合作,都要经过美团网专门组建的品控团队进行严格的八层审核把关,审核没通过的商家一律不能和美团网合作,以确保消费者权益得到最大化的保障。其八层审核机制如下。

第一层,网上调研。

图 1-6　安装美团 APP

图 1-7　打开美团 APP

产品的特色,在引人注目的场所进行宣传。

⑤ 业务扩展策略

美团网将团购业务从一线城市向二、三线城市,乃至海外扩展,通过地域扩展,增加团购活动次数,扩大网站的营收规模,以带动业务增长。

2. 商家入驻实践操作

商家入驻主要有如下四个过程:美团 APP 下载—美团安装—美团注册—美团入驻。

(1) 以官网下载美团 APP,其下载和安装步骤如图 1-2～图 1-7 所示。

图 1-2 搜索美团

图 1-3 下载美团 APP(一)

图 1-4 下载美团 APP(二)

图 1-5 下载美团 APP(三)

会,对于团购网站来说,SEO 优化推广的方式主要是针对购物页面的优化。即注意购物人群的搜索习惯,找出他们经常使用的关键字,并在标题、描述中增加关键词的出现次数。通过对网站的优化,使其提高搜索引擎排名,从而提高网站访问量,最终提升网站的销售能力或宣传能力的技术。

第二,网络系统自带的邮件系统。

这是针对已经在团购网上注册过或者团购过的网友做的"粘贴营销",用户会在注册网站时留下 E-mail 和手机号码,作为美团网,需要把用户留下的邮箱和手机号码单独保存做一个数据库表,然后根据地址再进行分类,在每次上新团的时候,会给数据库内的邮箱或手机发送邮件或短信,因为邮件营销是最经典也是非常有效的。

第三,加入权威团购导航。

自 2010 年以来,各种各样的团购网站在中国涌现出来,人们在初次面对团购网站的时候,往往无从选择,于是很多人选择参考团购导航的信息。美团网对邀请朋友成功加入网站的会员给予一定的奖励。例如,礼券优惠、赠送积分、增加抽奖机会、会员升级等。美团网的"邀请有奖",每位用户都可以通过 QQ、邮件、微博 SNS 社区等邀请好友注册并首次购买,而获得一定额度的返利,返利一般存至团购网的个人电子账户,下次购买时可用。

第四,软文推广。

软文虽然看起来并不起眼,但是如果实施得好,其作用不可小觑。美团网在一些本地报纸或社区论坛发表团购经验,团购详细说明,跟帖回帖,这是非常有用的。很多网友会被写得精辟的软文所吸引,跟风进入美团网站。

(5) 美团营销策略

① 产品策略

在美团上团购以服务类产品为主(温泉、足疗、瑜伽等的服务券),实物商品为少数。利用专业经验在网上搜索相关信息,引导消费者更有品质地吃喝玩乐。这里的产品策略包括差异策略和同一产品策略。

② 价格策略

对于差异化产品,美团网结合"价格歧视"和"价格弹性"的经济学理论,要求商家要好,折扣要大,一般情况是五折或更低。

③ 促销策略

美团网的促销策略采取捆绑不同类知名产品的方式进行团购促销。

④ 广告策略

美团网通过店铺网页、微博、微信以及结合 SNS 等交友网多种方式进行宣传,提高自身团购品牌的知名度。利用通俗易懂的语言和醒目的广告,突出自己团购

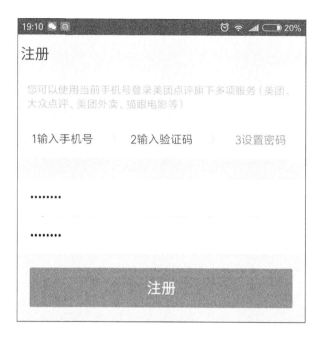

图 1-11　设置密码

图 1-12　商家入驻单击"我要合作"

第二层,调研商家,之后与销售人员谈方案、签合同。

第三层,城市经理审核合同及相关材料。

第四层,总部品控审核合同及相关材料。

第五层,现场商家采访。

图 1-13 选择合作类别"非餐饮代理商招募"

图 1-14 填写代理商申请信息

第六层,总部品控审核采访内容,把材料交给编辑写文案。
第七层,责任编辑审核文案。
第八层,总部品控终审。

图1-15　填写公司信息　　　　图1-16　单击"保存,下一步"按钮

3. 案例实践操作

在此,以"乡村土鸡蛋"为例,操作练习商家入驻。

要求:

(1)商家入驻条件要清晰。

(2) 商品描述全面、得当。

(3) 上传图片要清晰且显示出卖点。

四、我的评价表

1. 知识和技能评价表

班级：_____　　　小组：_____　　　成绩：_____

评价项目	项目评价内容	分值	自我评价	小组互评	教师评价	得分
实操技能	①美团注册	5分				
	②美团商家入驻操作	10分				
	③美团营销模式	10分				
	④美团营销策略	15分				
	⑤美团赢利模式	15分				
理论知识	①美团营销理念	5分				
	②美团营销模式	5分				
	③美团售前审核流程	10分				
职业素质培养	①出勤、纪律	5分				
	②个人发言等课堂表现	10分				
	③团队协作精神	10分				

2. 小组学习活动评价表

班级：_____　　　小组：_____　　　成绩：_____

评价项目	评价内容及评价分值			自评	互评	教师评分
分工合作	优秀(16～20分)	良好(12～15分)	继续努力(12分以下)			
	小组成员分工明确，职责清楚，任务分配合理	小组成员分工较明确，职责较清楚，任务分配较合理	小组成员分工不明确，职责不清楚，任务分配不合理			
美团营销理念	优秀(16～20分)	良好(12～15分)	继续努力(12分以下)			
	能够正确理解美团营销理念，并根据产品选择合适的营销方式	基本能够正确理解美团营销理念，了解基本的产品营销方式	还需要进一步理解美团营销理念，基本能够根据产品分析产品营销方式			

续 表

评价项目	评价内容及评价分值			自评	互评	教师评分
实际操作技能	优秀(24~30分)	良好(18~23分)	继续努力(18分以下)			
	能按技能目标要求规范完成每项实操任务,能准确完成美团网的定位与规划,并找到适合自己商品的营销方式	能按技能目标要求规范完成每项实操任务,但不能准确完成美团网的定位与规划,寻找的商品营销模式不得当	能按技能目标要求完成每项实操任务,但规范性不够,不能完成美团网的定位与规划,没有找到适合自己商品的营销模式			
知识、理念分析讨论	优秀(24~30分)	良好(18~23分)	继续努力(18分以下)			
	讨论热烈、各抒己见,概念准确、思路清晰、理解透彻,逻辑性强,并有自己的见解	讨论没有间断、各抒己见,分析有理有据,思路基本清晰	讨论能够展开,分析有间断,思路不清晰,理解不透彻			
总分						

五、我想提升

随着移动互联网技术的发展,企业对移动营销方面也表现得更加重视,移动互联网最主要的特点是比传统的互联网更及时、更快速、更便利,而且也不会有任何地域限制。很多企业也开始觊觎移动营销这片市场。

1. 如何做好移动营销?
- 用户体验至上;
- 赢利策略不可急功近利;
- 找到业务的核心竞争力;
- 把握移动营销新模型;
- 整合产业链之外的资源。

2. 移动营销的特点
- APP成为移动广告新载体;
- 社交+移动成为带消费者进店最直接的手段;
- 技术成为创意的助燃剂。

3. 移动营销"4I"模式

移动营销模式可以用"4I"来概括,即Individual Identification(分众识别)、Instant Message(即时信息)、Interactive Communication(互动沟通)和 I(我的个性化)。

(1) Individual Identification(分众识别)。移动营销基于手机进行一对一的沟通。由于每一部手机及其使用者的身份都具有唯一对应的关系,并且可以利用技术手段进行识别,所以能与消费者建立确切的互动关系,能够确认消费者是谁、在哪里等问题。

(2) Instant Message(即时信息)。移动营销传递信息的即时性,为企业获得动态反馈和互动跟踪提供了可能。当企业对消费者的消费习惯有所觉察时,可以在消费者最有可能产生购买行为的时间发布产品信息。

(3) Interactive Communication(互动沟通)。移动营销"一对一"的互动特性,可以使企业与消费者形成一种互动、互求、互需的关系。这种互动特性可以甄别关系营销的深度和层次,针对不同需求识别出不同的分众,使企业的营销资源有的放矢。

(4) I(我的个性化)。手机的属性是个性化、私人化、功能复合化和时尚化的,人们对于个性化的需求比以往任何时候都更加强烈。利用手机进行移动营销也具有强烈的个性化色彩,所传递的信息也具有鲜明的个性化。

4. 移动营销十七招

(1) 检查

查看网站流量来源统计,确定有多少的访客是通过平板电脑、手机或者其他移动设备访问我们的网站。这些数据需要经常分析。

(2) 相关

短信营销是移动营销不可或缺的一部分,我们的客户可能会收到他完全不感兴趣的营销短信。没有什么营销内容适合于所有人,我们应确定内容的相关性,确保我们的客户对我们所发的信息感兴趣,因此不宜发布广告性太强的垃圾短信,此类短信客户不仅不看反而还会起反作用。

(3) 反馈

倾听用户心声,获得客户对移动营销活动的看法及反馈意见。在此可以通过邮件、短信或链接地址等方式请求受众反馈。

(4) 注册

让注册环节更安全、更简单,用户有权利知道我们打算如何利用他们的注册信息。

(5) 激励

谁是我们的目标客户,哪些人可能会接受我们的移动营销活动。在此可以通过竞赛排名或有奖激励等措施,鼓励受众成为用户。

（6）有效

统计移动营销活动的有效性，确定是否提供了有价值的信息。

（7）区域

应注意营销活动的区域性。每个区域都有其特点，因此需要针对不同的区域制定不同的营销策略。

（8）提醒

与时间或者流程相关的提醒信息也是非常有用的营销短信。例如，提醒用户某个订单即将失效，或者用户收藏的某一款商品已经到货等。

（9）返回

如果顾客选择接收短信，返回那些重要的信息给客户，就显得尤为重要。例如，"您的订单已经开始派送，订单号为××××"，这种提醒短信对于客户也非常有用，仅仅一个小细节足以打动用户。

（10）尊重

我们必须尊重客户，把握营销活动的频率，不对客户进行信息轰炸。

（11）响应

通过短信查询功能快速响应消费者，这与在线客服、咨询热线、信件一样重要。

（12）记录

记录来自顾客的投诉、建议或其他反馈信息，进而有针对性地跟进处理。

（13）价值

确保我们的营销活动是限时、诱人的，有价值的营销信息才能吸引目标客户。

（14）推荐

营销活动是获得新用户的有效方式，提供奖励给客户，让客户帮助我们扩散营销信息。

（15）快速

移动营销战略必须适应新趋势或者新技术。如果移动营销活动无法正常开展，或者有更好的方式来实施一个计划，必须果断、快速地改变我们的计划。

（16）依靠

依靠可靠的软件或者工具来部署营销活动，这些工具能提供统计数据及营销建议。

（17）实际

并非所有的客户都希望接收我们的短信、彩信或其他营销推送信息，我们需要注意移动营销的实际效用。

实训二 直播营销

一、我要知道

1. 直播营销的概念

直播营销是指在现场随着事件的发生、发展进程同时制作和播出节目的播出方式,该营销活动以直播平台为载体,达到企业获得品牌的提升或增长销量的目的。

2. 直播营销的优势

直播营销是一种营销形式上的重要创新,也是非常能体现出互联网视频特色的板块。对于广告主而言,直播营销有着如下极大的优势。

(1) 事件营销

从某种意义上来讲,直播营销就是一场事件营销。除了本身的广告效应,直播内容的新闻效应往往更明显,引爆性也更强。一个事件或者一个话题,相对而言,可以更轻松地进行传播和引起关注。

(2) 精准性

直播营销能体现出用户群的精准性。在观看直播视频时,用户需要在一个特定时间共同进入播放页面,这与互联网视频所倡导的"随时随地性"是背道而驰的。但是,这种播出时间上的限制,也能够真正识别并抓住具有忠诚度的精准目标人群。

(3) 实时互动

直播营销能够实现与用户的实时互动。相较传统电视,互联网视频的一大优势就是能够满足用户更为多元的需求,不仅能单向观看,还能一起发弹幕吐槽,喜欢谁就直接献花打赏,甚至还能动用民意的力量改变节目进程。这种互动的真实性和立体性,只有在直播时才能够完全展现。

(4) 深入沟通,情感共鸣

在这个碎片化的信息时代里,人们在日常生活中的交集越来越少,尤其是情感层面的交流越来越浅。直播,这种带有仪式感的内容播出形式,能让一批具有相同志趣的人聚集在一起,聚焦在共同的爱好上,情绪相互感染。如果品牌能在这种氛围下做到恰到好处的推波助澜,其营销效果一定出乎意料地好。

3. 直播营销的注意事项

直播营销要考虑以下几点。

(1) 要有用户思维,我们的内容能满足用户什么需求?能解决用户什么痛点?

(2) 能为用户带来什么价值?是否能让用户在这种信息中爆炸?

案例:美宝莲纽约新品发布会直播营销

2016年4月14日,美宝莲纽约在上海举行新品发布会,除了在淘宝的微淘上对其新代言人Angel Baby进行现场直播,同时还邀请50位网红开启化妆间直播,直击后台化妆师为模特化妆的全过程。当天该活动使美宝莲整体无线访客比前一天增长了50.52%,而配合互动,销售转化也成果斐然,仅仅直播当天就实现了10 607支的销量,刷新了天猫彩妆唇部彩妆类目下的纪录。

概念:直播的直接性、实时性、互动性,让用户在接受品牌的营销信息时,也能感受到一种平等和尊重,而不是像以前一样粗暴地被强制观看。这也再次可以说明,未来直播将是品牌和企业连接用户的首选渠道,即最重要的新的营销平台。

二、我的目标

(1) 了解直播及直播营销的概念。

(2) 掌握直播营销的设计方法和常用模式。

(3) 学会运用技巧策划具有营销性质的直播。

(4) 能够利用直播进行营销。

(5) 通过学习培养学生对行业发展趋势的敏锐的观察力和对直播的使用习惯。

三、我来操作

1. 理论知识

(1) 直播的特点

网络直播吸取和延续了互联网的优势,利用视讯方式进行网上现场直播,把产品展示、相关会议、背景介绍、方案测评、网上调查、对话访谈、在线培训等内容现场发布到互联网上,利用互联网的直观、快速、表现形式好、内容丰富、交互性强、地域不受限制、受众可划分等特点,加强活动现场的推广效果。

(2) 直播营销注意事项

第一,名人直播,群众参与。

给民众一个实时观看活动的机会是邀请观众参与的很好途径。KOL和名人参与直播可以吸引观众。此时,名人和KOL的选择十分重要。他们往往有众多粉丝,会为品牌带来更多的曝光率和营销机会。

第二,直播令人兴奋,但是效果无法估计。

尽管直播的即时体验很独特,带来的效益也很好,但一旦直播开始,会有一定程度上的不可控因素,这是许多品牌担忧的一点。所以周全的准备和计划、合适的平台选择很重要。

第三,直播时间最少 30 分钟,内容要扎实。

直播的最佳长度是 30 分钟以上。在直播前就吊足观众胃口,并且用扎实的内容让观众参与,在直播后为没有参与的观众提供视频。

第四,创意和创新。

直播不仅仅是展示一个产品,"即看即买"是最基本的模式。创意和创新是最能够带动观众积极性的元素。

第五,直播软件和内容的选择。

尽量选择正规直播软件,以体现简单为准。直播内容以聊天、唱歌、跳舞、吃饭居多。

本次课以"快手"为例进行教学。快手平台可以用录视频的形式把我们所代理的产品传播出去,单击"设置"中的"粉丝头条",单击"上头条"进入,选择我们所要发出的视频,进入后选择推广给潜在用户的人数和推广给附近人的人数,选择完之后支付相应的金额即可,上头条的 24 小时内会置顶于我们的粉丝页面。同城的人看到如感兴趣可以给自己增加粉丝数量。

2. 实际操作(以"快手"为例)

(1) 快手注册步骤。

第一步,手机下载"快手 APP"并安装。

第二步,点击左上角注册按钮,进行注册,如图 2-1 所示。

第三步,填写个人手机号,单击"下一步"按钮,完善个人资料,如图 2-2、图 2-3 所示。

第四步,单击右上角的"√"完成注册,如图 2-4 所示。

图 2-1 下载"快手 APP"并安装

图 2-2 单击"下一步"按钮

图2-3 完善个人资料

图2-4 单击右上角的"√"完成注册

(2)视频直播操作步骤。

第一步,单击右上角的"录制"按钮,如图2-5所示。

第二步,单击"直播"按钮,开始直播,如图2-6所示。如果身份没有验证,需要操作验证身份。

图2-5 单击右上角的"录制"按钮

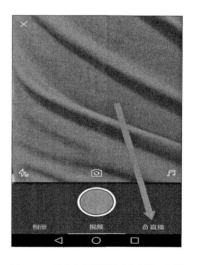

图2-6 单击"直播"按钮,开始直播

第三步,选择"验证身份",单击"下一步"按钮,如图2-7所示。

第四步,选择验证方式,如图2-8所示。通过审核后即可直播。

生 活 篇

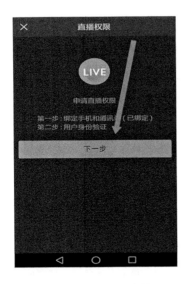

图 2-7 选择"验证身份"

图 2-8 选择验证方式

第五步,直播视频拍摄完成后,可以为其添加特效、背景音乐和文字,如图 2-9、图 2-10 所示。

图 2-9 为视频添加音乐

图 2-10 为视频添加特效和文字

第六步,单击"下一步"按钮进行视频分享、发布,如图2-11所示。

(3)粉丝头条操作步骤。

第一步,单击右上角的按钮,打开左侧页面,单击"设置"按钮,如图2-12所示。

第二步,在单击"设置"按钮打开的页面中单击"粉丝头条",打开"头条首页"页面,单击"我要上头条"按钮,如图2-13、图2-14所示。

图2-11 进行视频分享、发布

图2-12 单击"设置"按钮

图2-13 单击"粉丝头条"

图2-14 单击"我要上头条"

第三步,单击"继续"按钮,将作品置顶给我们的粉丝,如图 2-15 所示。

第四步,选择作品,购买粉丝头条,单击"支付"按钮即可,如图 2-16、图 2-17 所示。

图 2-15　单击"继续"按钮

图 2-16　选择作品

图 2-17　单击"支付"按钮

3. 实践操作练习

以"新乡市职业教育中心学校"2017年招生宣传为主题,进行直播营销。

要求:

(1) 专业涵盖全面。

(2) 卖点、痛点要明显。

(3) 符合家长、学生心理需求。

四、我的评价表

1. 知识和技能评价表

班级:_____ 小组:_____ 成绩:_____

评价项目	项目评价内容	分值	自我评价	小组互评	教师评价	得分
实操技能	①Live用户具有一定粉丝量	5分				
	②绑定手机号码	10分				
	③身份验证	10分				
	④直播视频拍摄	15分				
	⑤直播视频与营销结合	15分				
理论知识	①直播营销的概念	5分				
	②直播营销平台选择	5分				
	③直播营销模式	10分				
职业素质培养	①出勤、纪律	5分				
	②个人发言等课堂表现	10分				
	③团队协作精神	10分				

2. 小组学习活动评价表

班级:_____ 小组:_____ 成绩:_____

评价项目	评价内容及评价分值			自评	互评	教师评分
	优秀(16～20分)	良好(12～15分)	继续努力(12分以下)			
分工合作	小组成员分工明确,职责清楚,任务分配合理	小组成员分工较明确,职责较清楚,任务分配较合理	小组成员分工不明确,职责不清楚,任务分配不合理			

续表

评价项目	评价内容及评价分值			自评	互评	教师评分
	优秀(16~20分)	良好(12~15分)	继续努力(12分以下)			
获取、使用相关信息	能使用适当的搜索引擎从网络等多种渠道获取信息,并合理地选择信息、使用信息	能从网络获取信息,并较合理地选择信息、使用信息	能从网络或其他渠道获取信息,但信息选择不正确,信息使用不恰当			
	优秀(24~30分)	良好(18~23分)	继续努力(18分以下)			
实际操作技能	能按技能目标要求规范完成每项实操任务,能准确完成直播营销的定位与规划,并找到适合自己直播营销的商品	能按技能目标要求规范完成每项实操任务,但不能准确完成直播营销的定位与规划,寻找的直播营销商品不合适	能按技能目标要求完成每项实操任务,但规范性不够,不能完成直播营销的定位与规划,没有找到适合自己的直播营销商品			
	优秀(24~30分)	良好(18~23分)	继续努力(18分以下)			
知识、理念分析讨论	讨论热烈、各抒己见,概念准确、思路清晰、理解透彻,逻辑性强,并有自己的见解	讨论没有间断、各抒己见,分析有理有据,思路基本清晰	讨论能够展开,分析有间断,思路不清晰,理解不透彻			
总分						

五、我想提升

直播七大玩法

2016年上半年至今,直播＋发布会、直播＋产品体验、直播＋互动活动、直播＋解密、直播＋广告植入、直播＋大佬访谈以及直播＋产品售卖七大玩法可以说是市场选择的自然结果。

1. 直播＋发布会

"直播＋发布会"已成为各大品牌抢夺人气、吸引流量、制造热点的营销法宝。11位美拍达人现场直播周杰伦出任唯品会CJO发布会,1小时内带来20万互动人次及高达550万人次的点赞,当之无愧成为业界最早使用"直播＋发布会"玩法的案例典范。在"11位达人＋周杰伦(网红＋明星)"的双重粉丝经济下,通过直播场景形成了一个共同的兴趣社群,打破了传统发布会在时间、空间、形式上的制约,实现了"网红带领粉丝全民穿越,360°无死角观看直播"的神奇效应。不仅圈住了直播现场外的人气和注意力,还通过打赏、互动、点赞等实现双向互动、高关注度和持续热度。

2. 直播+产品体验

产品体验通过邀请人气网红站台背书,迅速提升品牌人气,形成良好的广告转化效果。这种玩法适用于快消(食品、饮料、化妆品、服装、日化)、3C数码、智能硬件、景区、餐饮、娱乐、线下服务等多个行业,是一种普适性较高的玩法。2016年6月15日、16日连续两晚,来伊份通过微播易邀请到15位主播进行"网红客串一日店长"的直播活动,分别于北京、上海、杭州、南京等六大城市同时进行,六城联动、批量高颜值吃货试吃推荐、激情口播、线下互动有奖、打赏送免单机会等,让来伊份在直播2小时内得以增粉60万人,直接带动线下实体店及线上旗舰店的销量猛增。

3. 直播+互动活动

判断一场直播是否成功,需要考虑内容本身、粉丝管理以及互动三个关键的KPI,互动的重要性显而易见。"直播+互动活动"的最大魅力在于通过有效互动将网红人气链接到品牌和用户,实时互动问答为用户进行360°无死角的产品卖点解读,使品牌得到大量曝光。网易游戏《天下3》直播"寻找天下最佳男友",六大当红映客主播带着《天下3》的广告,从民政局到闹市区对路人进行随机采访,进行线下互动并推荐游戏,精准覆盖到《天下3》数十万名线上游戏用户的观看、讨论。

4. 直播+解密

"直播+解密"是行业内较为创新的玩法。例如,美联英语百名美女直播,七大TOP人气主播走进北京、上海、深圳,携手百名美女教师,解密美联英语课堂。人气主播带领百名美女教师从0粉丝尝试直播到一起霸占热门。"网红+老师"的强大美女阵容吸引了百万用户的在线围观,成为教育界首个尝试直播营销的成功案例。

5. 直播+广告植入

广告植入一直以来都备受品牌偏爱,通过直播口播或原生内容插入的形式既摆脱了生硬传播,同时又能收获粉丝好感,获得良好的转化效果。微信美妆大号"小魔女TV"通过直播与粉丝分享防晒秘笈,无缝植入屈臣氏脱毛膏、面膜、防晒霜、去油纸、保湿补水等系列防晒产品,在互动试验中直接导入购买链接,转化效果非常好。这一玩法吸引超过10万年轻女性受众观看,被标记144万余人次喜欢。

6. 直播+大佬访谈

企业大佬参与访谈直播,对于传递企业文化、提升企业知名度及市场好感度、塑造良好的企业公关形象等都起着积极作用,是一种值得尝试的直播玩法。2016

年5月28日,微播易CEO徐扬首次尝试直播,2个半小时内吸引超过81万人在线,晋升"广告圈第一网红"。2016年6月6日,由徐扬担任总指导兼总策划的杨守彬(丰厚资本创始合伙人)首次直播,3小时内突破520万观看量,累计获得368万花椒币打赏,荣登"创投圈第一网红"。

7. 直播＋产品售卖

"直播＋产品售卖"将流量变现、产品售卖发挥到极致,成为当下的变现利器,一个个在线销售记录不断被刷新。例如,帮宝适"6·18"天猫促销,请来奶爸网红米逗夫在线直播教学如何挑选纸尿裤,仅宝爸辣妈主动参与的互动就高达4 000次,互动排名在当天的天猫同类直播中名列前三,效果可媲美母婴类明星直播。

实训三 微博营销

一、我要知道

1. 什么是微博?

微博是微博客(Micro Blog)的简称,或者称为"一句话博客",它是将我们看到的、听到的或想到的事情写成一句话,或发一张图片,通过计算机或者移动设备随时随地分享给朋友。新浪 CEO 曹国伟说:"将来报道事实将是每一个人的事,如果每一个人都有新浪微博,就可以把事实通过新浪的微博向全世界发布出去。"微博是目前发展非常迅速的一种互联网业务。

2. 微博与微信的区别

微博和微信同样都是转发,但微博的优势在于秒速传播,微信则以朋友圈为依托,打造可信度极高的强关系。简单来说,微博上的转发内容用户不会全信,但微信不同,基于三次元的真实性,微信更容易获取用户信任;微信的广泛传播速度明显慢于微博,目前短期效果明显的营销方式还属于微博营销。

另外,微博在一定程度上容易形成热门话题,一旦有用户跟风大 V 以话题形式转发或者发布原创微博,这等于无形中给企业品牌进行了宣传推广,是非常受欢迎的营销方式之一。但是,相比较微信而言,微博营销价格偏高,微信营销更适合一些中小企业和商家。微博和微信都属于社交工具,但两者从本质上有一定区别,微博的交互性强于微信,微信的私密性强于微博。

二、我的目标

(1)了解微博及微博营销的概念;掌握微博营销的设计方法和常用模式;学会运用微博技巧策划具有营销性质的微博。

(2)能够利用新浪微博进行营销。

(3)通过学习,培养学生对行业发展趋势敏锐的观察力和对微博的使用习惯。

三、我来操作

1. 理论知识

（1）微博的特点

第一，简单的传播方式。

- 用户之间是单向的"跟随"与"被跟随"关系。
- 基于用户社会关系实现信息快速传播。
- 大多数用户是"粉丝"或"倾听者"，"明星"和"事件"对业务发展具有关键作用。

第二，方便快捷的操作模式。

- 通过手机、计算机即时发布短小微博文章。
- 实时性、便捷性和现场感极强。

第三，内容原创。

- 2 000字以内的要求，更利于用户原创内容。
- 原创内容有助于用户之间产生联系，以达到增加黏性的目的。

第四，平台开放。

微博平台提供开放的API接口，方便用户通过手机、计算机、IM客户端等方式接入平台发布微博、第三方应用等。

（2）微博的功能

- 发表微博。

将我们看到的、听到的、想到的事情，缩略成一句话、一张图片，随时通过计算机或移动设备发表至微博上。

- 查看微博。

使用微博中的"关注"功能，去关注我们感兴趣的明星或朋友，他们说的话、发的图片，我们可以第一时间知道。

- 参与话题。

针对一篇新闻、一个热门词汇发起话题，并邀请朋友一起参加讨论。同时，我们也可以参加朋友们发起的话题讨论。

2. 微博实践操作

（1）如何使用微博

第一，添加关注。

关注是单向、无须对方确认的，只要我们感兴趣就可以关注对方。如图3-1、图3-2所示，添加关注后，系统会将网友所发的微博内容，立刻显示在我们的微博首页中，使我们可以及时了解对方的动态。

实训三 微博营销

图 3-1 关注分类

图 3-2 添加关注

第二,查找用户。

查找用户是通过关键词或某种特定条件进行的主动、单向的用户搜索,将找到的用户"加关注",这样我们可以第一时间获取对方的动态信息,如图 3-3 所示。

第三,发微博。

将我们生活中看到的、听到的、想到的缩略成一句话、一张图片,发到新浪微博上,与我们的朋友分享。发表微博方式可以分为两种,使用计算机或手机,如图 3-4 所示。

图 3-3 查找用户

图 3-4 发微博

29

第四，转发、评论和收藏，如图3-5、图3-6所示。

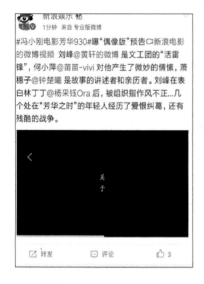

图3-5 转发、评论微博

图3-6 收藏微博

转发：对其他人的微博进行转发，同时可加上转发理由，从而达到传播的效果。
评论：对其他人的微博进行评论，发表自己的看法。
收藏：单击"收藏"后可以将该条微博内容加入到"我的收藏"中。
第五，微博"@"的使用，如图3-7所示。

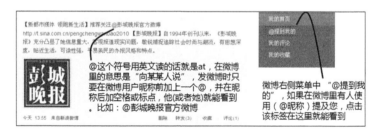

图3-7 微博"@"的使用

注意事项：
@昵称时，昵称后一定要加空格或标点符号，否则系统会认为@后所有字为昵称，例如@彭城晚报官方微博报道，系统就会认为"彭城晚报官方微博报道"是昵称。
第六，私信的使用。
只要对方是我们的粉丝，我们就可以发私信给他（她）。私信只有两方可以看到,发送给对方后会有一个销毁时间,销毁时间可以自己设置,作用等同于私聊,如图 3-8 所示。

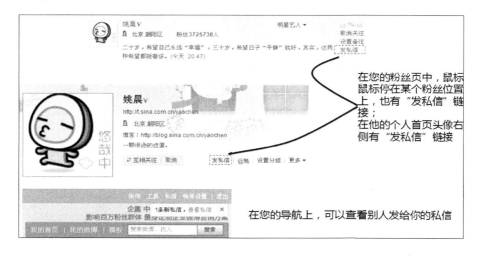

图 3-8　发私信

第七,参与话题。

在微博编辑器中有"插入话题"的链接,单击后输入框内自动出现两个"♯"号,将中间内容改成我们要讨论的话题,在后面加上我们的见解单击"发送"即可,如图 3-9 所示。

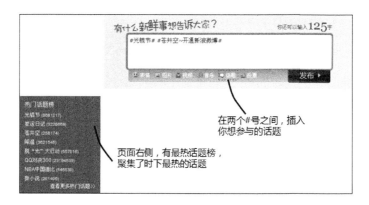

图 3-9　参与话题

第八,关注、粉丝。

操作流程如图 3-10～图 3-22 所示。

生 活 篇

图 3-10　我的名片

图 3-11　添加好友

图 3-12　可能感兴趣的

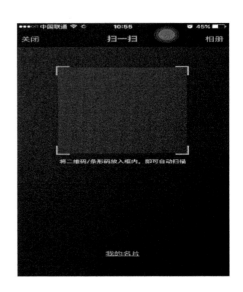

图 3-13　扫一扫

实训三 微博营销

图 3-14 选择分组

图 3-15 看微博

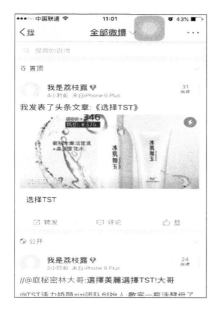

图 3-16 置顶微博

图 3-17 我的好友

生 活 篇

图 3-18　我的分组

图 3-19　我的关注

图 3-20　可能感兴趣的粉丝

图 3-21　我的粉丝

图 3-22　不再关注

(2) 微博功能界面

第一，微博首页(从上到下，从左到右)，如图 3-23 所示。

第二，微博群。

单击"消息"图标，打开图 3-24，单击"发现群"，再打开图 3-25，单击"新建群"，填写申请理由(群名称不能超过 15 个字)，最后添加成员，如图 3-26～图 3-29 所示。

实训三　微博营销

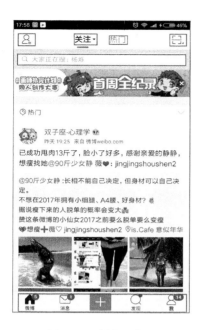

图 3-23　微博的首页

图 3-24　单击"消息"图标

图 3-25　申请理由

图 3-26　填写群名称

生 活 篇

图 3-27 发现群

图 3-28 创建成功

图 3-29 粉丝群

第三，微博消息。

从上到下内容依次是@我的(所有微博)、评论、赞、网络营销、未关注人消息、粉丝群、新浪新闻、微博购物、订阅消息等，根据微博账户使用情况，内容会有所差别，具体如图 3-30 所示。

图 3-30　微博消息

第四，微博"＋"号。

此项主要发微博内容的相关知识，具体内容包括文字、拍摄、相册、直播、光影秀、头条文章、签到、点评、话题、红包、好友圈、音乐、商品、秒拍等方式，直播必须先下载直播客户端，如图 3-31～图 3-33 所示。

第五，微博"发现"。

此项主要展示最新消息，图 3-34 是通过微博可以发现内容的范围。

第六，微博中"我"的功能。

在微博营销中，粉丝头条、博文头条、账户头条、粉丝服务、素材管理和数据助手(粉丝分析)是重点，如图 3-35 所示。

3．微博营销实操

(1)标签设计。

自定义描述其相关行业、个性的关键词，增加营销渠道，使粉丝能找到我们，也增加我们找到其他人的营销渠道。

生 活 篇

图 3-31　微博的内容

图 3-32　发微博

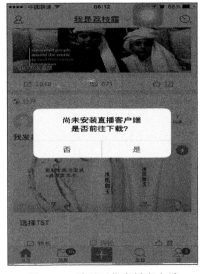

图 3-33　需要下载直播客户端

图 3-34　最新消息

38

(2) 微博内容设计。

• 内容要与自己有关、与定位一致,追热要适度,要有技巧。

• 参与热点话题,尽量与自己建立关系。

• 内容要调动粉丝的参与度。

• 内容适合发资讯性的、知识型的和互动型的。

(3) 实训。

尝试设计一条关于校内"典尚饮品"的微博营销内容。

4. 微博营销的常用模式

模式一:品牌及产品曝光。

模式二:互动营销活动。

模式三:植入式营销。

模式四:微柜台,电子商务及售后管理。

模式五:客户服务的新平台。

模式六:硬广告形式。

模式七:舆情监测。

模式八:危机公关。

实训:利用互动模式为"典尚饮品"做一个微博营销策划。

图 3-35 微博中"我"的功能

5. 微博营销的小技巧

(1) 实名认证。

(2) 先要量(批量互粉),后要质(粉丝数到 1 000 个后)。

(3) 拿来主义(多帮别人转发或评论)。

(4) 以内容为王(有可读性、有深度)。

(5) 及时响应。

(6) 适时发布(3 个高峰期,9～10 点,16～18 点,21～24 点)。

(7) 适量发布(建议五六条最为适宜)。

(8) 关注更合适的人(尽量优化关注人数)。

(9) 全员微博(尽量多地发动公司员工)。

(10) 模块就是广告(利用"自制模块",使用印有公司 Logo 或购买一些有影响力的模块)。

(11) 微博也有"大肚量"(把信息转化成图片或链接网页)。

(12) 微博可以四通八达(微博可以链接经过重新编码的外部活链接)。

实训:尝试转发、评论有关饮料、饮品、冷饮的微博内容。

6. 微博营销工具

主要有投票、发布、粉丝、分析、关注等工具。

7. 微博营销实操练习

以"森宿休闲女装"为主题,进行微博营销。

要求:

(1) 抓住服装卖点。

(2) 吸粉过程要有条理性。

(3) 通过转发和评论微博中的内容吸粉。

(4) 关注适合自己的人。

(5) 发动全员微博(尽量多的同学)。

四、我的评价表

1. 知识和技能评价表

班级:＿＿＿＿＿   小组:＿＿＿＿＿   成绩:＿＿＿＿＿

评价项目	项目评价内容	分值	自我评价	小组互评	教师评价	得分
实操技能	①掌握微博基本界面	5分				
	②灵活运用微博操作	10分				
	③运用微博营销理念	10分				
	④微博编辑技巧的运用	15分				
	⑤微博吸粉运用	15分				
理论知识	①了解微博知识和概念	5分				
	②掌握微博设计方法	5分				
	③会用微博常用模式	10分				
职业素质培养	①出勤、纪律	5分				
	②个人发言等课堂表现	10分				
	③团队协作精神	10分				

2. 小组学习活动评价表

班级：_____　　　　小组：_____　　　　成绩：_____

评价项目	评价内容及评价分值			自评	互评	教师评分
分工合作	优秀(16～20分)	良好(12～15分)	继续努力(12分以下)			
	小组成员分工明确，职责清楚，任务分配合理	小组成员分工较明确，职责较清楚，任务分配较合理	小组成员分工不明确，职责不清楚，任务分配不合理			
获取、使用相关信息	优秀(16～20分)	良好(12～15分)	继续努力(12分以下)			
	能使用适当的搜索引擎从网络等多种渠道获取最新信息，并合理地选择信息、使用信息	能从网络获取信息，并较合理地选择最新信息、使用信息	能从网络或其他渠道获取信息，但信息的时效性把握不当			
实际操作技能	优秀(24～30分)	良好(18～23分)	继续努力(18分以下)			
	能按技能目标要求规范完成每项实操任务，能准确完成微博营销领域的定位与规划，并找到适合微博营销的方式	能按技能目标要求规范完成每项实操任务，基本能够完成微博营销领域的定位与规划	能按技能目标要求完成每项实操任务，但规范性不够，不能完成微博营销的定位与规划			
知识、理念分析讨论	优秀(24～30分)	良好(18～23分)	继续努力(18分以下)			
	讨论热烈、各抒己见，概念准确、思路清晰、理解透彻、逻辑性强，并有自己的见解	讨论没有间断、各抒己见，分析有理有据，思路基本清晰	讨论能够展开，分析有间断，思路不清晰，理解不透彻			
总分						

五、我想提升

微博营销的技巧

1. 定位(账号领域)

想要实现微博的长远商业价值，一个独立领域定位的微博肯定比一个"杂货铺"的微博走得更远，更易实现其商业价值，而且在推广的时候更容易抓住核心的粉丝用户。比如定位美食、宠物、心灵鸡汤、情感、旅行等，每一种定位背后都有天然的商业价值存在。按照目前"美食就发菜谱""宠物就发萌宠图片"的模式已经过时，必须寻找独立的边缘领域，塑造自身特色。以"柒个先生"为例，寻找独立的特色,以萌宠金毛狗的口吻讲情感,情感的话题都以美食特点作为特色素材,达到积累吃货和金毛狗的粉丝群体的目的。

2. 话题(讲故事)

如果不做素材的搬运工,原创可能就会比较累,但是粉丝忠实度高。以话题"我和柒小汪的七个约定"为例,持续讲连载故事,三个月引发超5万人转载分享,3 000万人阅读,吸引3家出版社邀约出版,这就是故事的魅力。一个好的故事会成就一个微博的独立特色,让粉丝有追剧情的趣味感。

当然最有效的微博话题,一定是互动话题,让网友有参与感才能实现网友产生内容,才能挤进话题的排行榜。好的互动一旦进入前10名排行榜,每天增加几千名甚至上万名粉丝很轻松。

3. 热门微博(抢曝光)

一般来讲,进入1小时热门排行榜,增加几百个粉丝很容易,但进入24小时热门排行榜,粉丝破万就必须考虑话题自身内容的关注度。原创故事"我和柒小汪的七个约定"开始微博连载时,第一集转发6 000多人次上榜,维持24小时,最后触动15 000多人次转发,增加了超8 000多名粉丝。

"热度"是促使上热门榜的一种技巧。那么如何来实现热度?进入24小时榜单难度系数太高,那么我们可以注重抢占"小时榜",我们持续关注榜单就会发现,上榜的微博一般发布时间靠近整点,发布后要在最短的时间内增加阅读量,但此时转发、评论点赞的效果不会很好,只有具有足够多的真实粉丝账号在第一时间转发、评论点赞才会起到至关重要的作用。

4. 互推(会借力)

互推是一种有效的增粉丝推广方式,是微博账号之间互换粉丝的一个过程。一个人有1万名粉丝,另一个人有1万名粉丝,他们之间互推内容,也许最后他们每人都有1.2万名粉丝。参与互推的同等级账号越多,交换的粉丝就越多。组织的力量是无穷大的,而且内容的互推,会实现微博内容的有效阅读,为跻身热门排行榜提供有效的途径。寻找互推资源,应首选QQ群,其次是与自己相当的账号。建立有效的互推渠道后,增粉就有了计划。

5. 带号(会借势)

要做一个成功的自媒体账号,大号带小号是必经之路,粉丝转化率高。例如,维护美食类账号,找美食类的大号推自己的内容,这样精准的转化肯定最有效。当然弊端就是要投入,私信大号谈价格,根据效果不停地更换带号的大号即可。如果经济基础可以,一次性让5~6个大号带我们的小号,只要内容足够有吸引力,粉丝增加五六千名不成问题。

交易篇

实训四　手机淘宝

一、我要知道

移动时代的来临,让所有网民领略了其威力。大到平台电商,小到商家和消费者。消费者更多地选择手机购物,已不再集中于 PC 端逛淘宝。流量也因此变得更加碎片化,商家的流量主战场也因此转移到了手机淘宝上。

从 2014 年开始,无线流量逐渐提升,PC 店铺流量处于缩减趋势,2015 年无线流量全面超越 PC 店铺流量,无线流量成为流量的主要来源。在淘宝的个别类目中,无线访客占比达到 80% 甚至更高。因此移动端店铺的运营优化被提高到了重要地位,关于手机淘宝流量的几个问题如下。

(1) 手机淘宝手机端优化的防线在哪儿?
(2) 手机店铺流量的时间分布如何?
(3) 手机淘宝每日好店是什么?
(4) 手机淘宝店产品布局和关键词布局如何?

二、我的目标

(1) 了解手机淘宝店铺流量的入口。
(2) 学会分析流量的时间分布。
(3) 掌握手机淘宝每日好店的优化方法。
(4) 掌握店铺布局和关键词的编写方法。
(5) 理解淘宝 SEO 自然搜索注意事项。

三、我来操作

1. 手机淘宝店铺流量的入口

手机淘宝店铺基本有如下五个入口,分别是:
(1) 从"手机端搜索框"入口。
(2) 从"中心焦点图"入口。有足够预算的卖家可以从淘宝活动的"手机端钻展广告位位置"获得大量的曝光和流量。
(3) 淘系无线服务推广。这是阿里旗下的各种产品的无线服务推广位置。比如天猫、口碑外卖等,我们可以通过这些入口享受阿里巴巴提供的各种无线服务。

(4) 淘宝活动资源位。

(5) 淘宝达人资源位。比较有代表性的有微淘、爱逛街、社区、淘宝头条、达人淘、双11清单、双12清单等,淘宝达人的这些资源位置总和占据淘宝无线资源位的一半以上,淘宝达人对手机淘宝的重要性显而易见。

2. 手机店铺流量的时间分布

淘宝流量的小时分布,如图4-1所示。

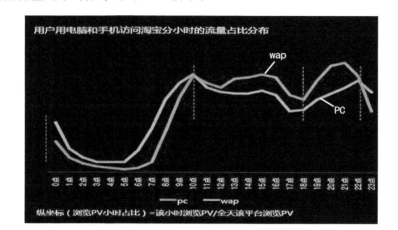

图4-1 淘宝流量的小时分布

服装类店铺7~8月流量小时分布,如图4-2所示。

时间	7月				8月				
	top1	top2	top3	top4	top1	top2	top3	top4	sum
22点	7	6	6	4	12	2	5	2	44
23点	7	4	3	2	3	4	5	3	31
10点	2	3	3	4	3	2	5	4	26
13点	0	1	3	2	2	3	6	6	23
21点	1	3	3	2	4	1	4	2	18
9点	1	1	3	2	1	4	3	1	16
12点	1	2	2	2	1	1	2	4	15
11点	0	1	1	3	1	1	1	4	12
8点	1	4	2	1	0	2	0	0	10
20点	2	1	1	2	1	1	2	0	9
7点	3	1	0	0	2	2	0	0	8

图4-2 服装类店铺7~8月流量小时分布

分析图4-1、图4-2我们可以得出,手机端流量的高峰期主要集中在22点左右,这一时段处于手机网民休息高峰,台式计算机的接触率降低;设置手机店内的活动时应该考虑到一天中时间分布的这一规律,特别是持续时间小于1天的活动(如手机店内的"限时秒杀"),可以尽量安排手机流量的高峰期,但是在折扣力度、广告宣传力度不大的情况下,需要考虑避开来自"聚划算"等活动的冲击。

淘宝流量星期分布,如图 4-3 所示。

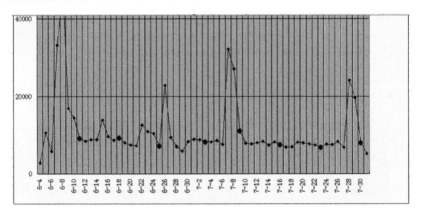

图 4-3　淘宝流量星期分布

从图 4-3 可以得出以下结论。

(1) 流量 Top 分布:星期五和周末是一个星期中流量的高峰期,活动安排尽量考虑到流量在一个星期中的差异,可以有针对性地设置一些"周末"活动(如周末专享的满赠活动等)。

(2) 流量低谷:可能受到包月流量不足等原因的影响,月末存在流量的低谷,这也说明了 Wi-Fi 的普及率还远远不够。

(3) 针对性活动:针对月末流量包月顾客"流量不足"的情况,可以考虑先在手机端做"满 100 元,送 50 MB 流量"活动,送的流量可以促进二次购买。

3. 手机淘宝"每日好店"优化

(1)"每日好店"是什么?

"每日好店"是在手机端和 PC 端首页,唯一的"店铺导购"的产品,根据消费者的喜好,精准推荐适合的店铺,同时为商家提供精准潜在用户。

(2)"每日好店"位置

在无线设备端,手机淘宝首页第 4 屏,在"猜你喜欢"的上方,如图 4-4 所示。

(3) 入库"每日好店"的价值

- 通过算法判断,每天被推送给相关用户,获取精准曝光。
- 有很大机率每日获取到持续、免费流量(根据店铺自身的展现效果)。
- 有机会参与好店活动,共享手机淘宝导购营销资源。

(4) 店铺如何优化?

单击图 4-5 右上角的"优化好店"按钮,主要是优化前台展示效果,如图片、文案、活动等,如图 4-6 所示。

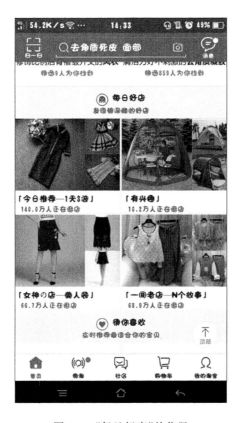

图 4-4 "每日好店"的位置

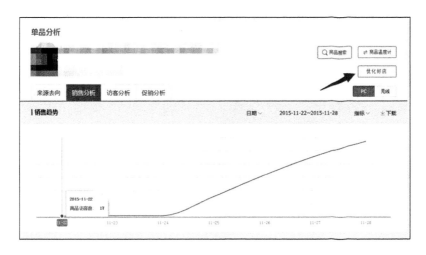

图 4-5 优化好店

交 易 篇

图 4-6　优化前台展示效果

（5）如何进入每日好店商家库才更有可能被曝光？

第一，店内至少 4 个以上宝贝，它的主图需无水印、无 Logo，如不需要情景图，应尽可能是白底图。

第二，什么是宝贝主图？如图 4-7 框中所示。

图 4-7　宝贝主图

第三，宝贝主图如何优化？

- 如图 4-8（a）所示，主图"牛皮癣"严重，考虑到手机端展现图片小，所以主图

48

尽可能让图片更清晰可见,提高图片质量,吸引点击进店,如图 4-8(b)所示。

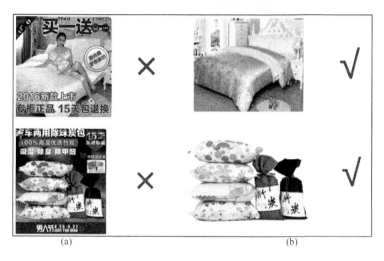

图 4-8　宝贝主图优化

- 如图 4-9(a)所示,除了"牛皮癣"字体外,商品主图太过拥挤,不容易突出主题。

图 4-9　宝贝主图字体

- 图 4-10 为比较优秀的"每日好店"店铺。

第四,入选每日好店库最基本要求如下。

- 卖家等级大于等于 1 钻。
- 黑名单类目限制有下面两点。

① 店铺主营类目,不在好店的一级类目黑名单中;
② 好店"卖家橱窗"展现的商品(至少 4 个),不在好店的叶子类目黑名单中。

4. 手淘店产品布局和关键词布局

产品布局和关键词布局是相辅相成的,合理的产品布局能将关键词布局发挥到极致,提高搜索流量;合理的关键词布局能让产品布局起到实质性的作用,如图 4-10 所示。

图 4-10　产品布局

（1）产品布局

爆款通吃的年代已经过去，一个店铺上多少个宝贝，卖多少个品类很有讲究，利用好获得的数据至关重要。

第一，行业数据分析。

我们了解行业不同品类的交易占比，目的不是按这个比例来计划自己产品的占比，而是由此数据了解行业情况、分析我们所卖或准备卖的品类有多大的市场。将来一个月甚至两三个月后市场上什么品类是最热卖的，提前为我们找款和开发款式寻找正确方向非常重要。

第二，竞争对手是最好的样本。

行业数据只做了解，但竞争对手的数据可以直接用，如果我们有生意参谋专业版，那么在市场行情的品牌详情里可以查到竞争对手的每个品类销售占比。

与我们风格相近、价位相近、稳定运营两年以上的竞争对手，他们的品类占比是最好的参考数据。但一般建议统计四家或四家以上竞争对手的品类分布，得出其平均值，从而确定自己店铺的产品布局方案。

如果没有生意参谋专业版，直接到竞争对手的店铺，打开店铺里所有宝贝，把销量、价格、品类记录下来，再计算汇总，这种方法虽然耗时又耗力，但也能大概算出这个店铺的品类分布。

第三，主打品类要有上限。

众所周知，每个店铺都有几个优势品类，这些品类的新品更容易获得流量，品类中新品引入的流量占全店的大部分权重，而店内其他品类很难有排名。一个店铺的优势品类一般最多三个或四个,我们应该集中资源在这几个品类上,加大其影响力。

第四,店铺多少宝贝最合适?

一个店铺品类最多选三个或四个,店内多少个宝贝最合适?店铺宝贝数量过少,买家可选择的空间也小,数量少出爆款的概率也小,但宝贝数量过多又会导致库存压力和影响动销率。因此,为了占据更多的关键词,最好有60~80款宝贝(是指大类目,单个品类最好有二三十款宝贝以上),中型的店铺有150款宝贝以上(每个主打品类有三四十款宝贝以上)。

在此需要注意的是,同一个品类的产品最好略有差异化,而不是几乎相同,比如水杯,就有带盖、不带盖、带柄、不带柄、有图案与无图案等之类的差别,有足够数量各不相同的宝贝,关键词布局才会有很大的可操作空间。

(2)关键词布局

① 选择合适的所有关键词

第一,搜索词查询。按搜索词查询可以查到与该关键词相关的各项数据,如搜索人气、点击率、在线商品数、支付转化率等有用数据,这为我们将来的筛选做准备。这种查询方法可以不停地深挖下去,找到更多与之相关的信息数据。当然用其他方式收集到的关键词也可以放在这里查询并提取出相关数据。

第二,生意参谋搜索词查询。一些容易打错的词,如"名片盒"和"明片盒""毛呢""毛尼"和"毛昵"等。针对这类词,一是可以用拼音输入法看哪些词是有可能写错的,然后将这个可能写错的词放到生意参谋搜索词查询查一下数据,如果有足够的搜索人气,就表示这个词是可以用的;二是直接到淘宝搜索结果页,多看同类目不同的宝贝标题,可以从里面提取到很多容易出错的词;三是可以借助于生e经,在情报助手那里查询不同的关键词,然后分析人气或销量前200的宝贝词频分布,从里面挖掘我们能用的分词,如图4-11、图4-12所示。

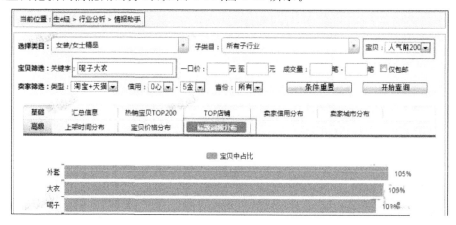

图4-11 标题词频分布

交易篇

翻领	18	9%
斗篷	17	8.5%
学院风	17	8.5%
长袖	17	8.5%
鸭子	16	8%
格子	16	8%
过膝	13	6.5%
羊毛呢	12	6%
冬季	12	6%

图 4-12 关键词

第三，关键词的不同叫法。如无袖连衣裙、砍袖裙，半身裙、半裙和半截裙，毛衣、线衣和毛线衣，中袖和半袖，浴球和浴花，鱼嘴鞋和露趾鞋，马丁靴和骑士靴等，这类词在不同地域对同一种产品的叫法差距很大，我们可以将这些词尽可能地找出来，分散到不同的宝贝上，为宝贝带来更多的流量。

第四，拼音词自动转换为对应中文。输入英文，搜索会自动将搜索结果替换为对应的中文。如"maoyinv"拼音会自动被"毛衣女"中文替换，如图4-13所示。

② 筛选关键词

通过上面的方法，找出大量的关键词，将其整理在一起，形成关键词词库。对关键词进行筛选会使效果更佳。一般我们可以用搜索人气除以在线商品数，再把这一列数据从高到低排序，将一定数值以上的关键词标注为另一个颜色，以此表示这类词要优先用、多用，同时也说明这些关键词是属于竞争比较小的，是比较适合我们使用的，如图4-14所示。

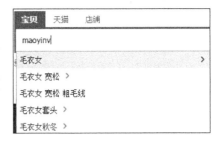

图 4-13 拼音自动转换中文

关键词	搜索人气	搜索热度	商城点击占比	在线商品数	直通车参考价	点击人气	支付转化率	竞争度=搜索人气/在线商品数
上衣女	18,856	48,883	27.94%	8,168,021	0.57	12,083	3.33%	0.002308515
短袖t恤女	17,890	52,641	43.16%	1,919,992	0.63	13,460	10.77%	0.009317747
条纹t恤女	14,789	37,926	35.75%	626,294	0.74	10,089	6.01%	0.023613511
纯色t恤女	6,103	16,901	25.47%	503,955	0.6	4,194	7.17%	0.012110208
小衫女	5,502	15,954	29.82%	362,661	0.54	3,662	2.53%	0.015171193
t恤女	2,311	5,336	44.51%	60,954	0.52	1,315	9.40%	0.037913837
t血女	2,244	5,336	30.38%	22,820	0.47	1,209	6.38%	0.098334794
修身t恤女	2,123	5,893	34.29%	987,907	0.86	1,414	6.08%	0.002148988
卡通t恤女	1,879	29.74%		332,929	0.48	1,212	5.51%	0.005643846
半袖t恤女	1,322	3,820	48.14%	191,725	0.53	862	8.33%	0.006895293
简约t恤女	647	1,770	20.55%	257,364	0.41	358	2.86%	0.002513949
体恤女	437	794	22.78%	5,232	0	164	18.40%	0.037913837
动物图案t恤女	100	243	0.00%	4,025	0.63	35	0.00%	0.008334792

图 4-14 排列筛选关键词

③ 关键词布局

在此建议大家在生e经的宝贝分析中修改标题，这样除了方便查看原标题每个分词的数据外,我们也可以把准备用的分词输入搜索框,这样立刻就知道这个分词在哪几个宝贝中已用,避免某些分词用得太多或不清楚是否用过,如图4-15所示。

图4-15 关键词布局

5. 手机淘宝实训练习

以个人手机淘宝店为例,通过各种方法提升店铺流量;合理分析每日好店优化的方法并运用于实践;合理进行店铺布局;练习关键词的编写。

四、我的评价表

1. 知识和技能评价表

班级:_____   小组:_____   成绩:_____

评价项目	项目评价内容	分值	自我评价	小组互评	教师评价	得分
实操技能	①手机淘宝的申请	5分				
	②手机店铺名称	10分				
	③手机店铺的装修	10分				
	④每日好店优化	15分				
	⑤店铺页面布局	15分				
理论知识	①店铺流量分析	5分				
	②手淘每日好店优化	5分				
	③店铺页面布局	10分				
职业素质培养	①出勤、纪律	5分				
	②个人发言等课堂表现	10分				
	③团队协作精神	10分				

2. 小组学习活动评价表

班级：_____　　小组：_____　　成绩：_____

评价项目	评价内容及评价分值			自评	互评	教师评分
分工合作	优秀(16~20分) 小组成员分工明确，职责清楚，任务分配合理	良好(12~15分) 小组成员分工较明确，职责较清楚，任务分配较合理	继续努力(12分以下) 小组成员分工不明确，职责不清楚，任务分配不合理			
获取、使用相关信息	优秀(16~20分) 能使用适当的搜索引擎从网络等多种渠道获取信息，并合理地选择信息、使用信息	良好(12~15分) 能从网络获取信息，并较合理地选择信息、使用信息	继续努力(12分以下) 能从网络或其他渠道获取信息，但信息选择不正确，信息使用不恰当			
实际操作技能	优秀(24~30分) 能按技能目标要求规范完成每项实操任务，能准确完成网店的定位与规划，并找到适合自己网店的商品	良好(18~23分) 能按技能目标要求规范完成每项实操任务，但不能准确完成网店的定位与规划，寻找的商品不太合适	继续努力(18分以下) 能按技能目标要求完成每项实操任务，但规范性不够，不能完成网店的定位与规划，没有找到适合自己网店的商品			
知识、理念分析讨论	优秀(24~30分) 讨论热烈、各抒己见，概念准确、思路清晰、理解透彻、逻辑性强，并有自己的见解	良好(18~23分) 讨论没有间断、各抒己见，分析有理有据，思路基本清晰	继续努力(18分以下) 讨论能够展开，分析有间断，思路不清晰，理解不透彻			
总分						

五、我想提升

高转化率的淘宝主图优化思路

现在很多卖家都把重心放在流量及转化上，对于主图的重视不够。但我们要记住一个流量的来源与展现和点击率是息息相关的，因此，主图优化很重要。提高主图点击率的关键在于主附图的差异化，这样我们的点击率才会高。

1. 主图好与否评定

主图的好与否可以从以下三个方面进行分析。

(1) 从同行宝贝提炼出不同的卖点，因为卖点不同是差异化的一部分。

(2) 跨类目借鉴其他产品，但我们也要考虑自己的产品和客户人群是否与图文风格搭配。

(3) 使用直通车测试主图,客观分析主图的好与否。

图文的差异化是中小卖家最为核心的生存之道,对提高产品的点击率、提升我们的转化率至关重要。

2. 决定主图差异化的主要因素

(1) 主图背景

我们的宝贝主图是与其附近的宝贝在竞争,客户能注意到我们的产品,那就说明我们的主图背景明显区别于其他店铺产品主图背景。

平时,在淘宝关键词搜索首页会有两个活动页面的承接页主图,这种思路比较不错,如图4-16、图4-17所示。

图4-16　活动页面的承接页主图(一)

图4-17　活动页面的承接页主图(二)

瓢泼大雨背景下的雨伞,提高其点击率,如图4-18所示。

图 4-18 主图背景（雨伞）

宝贝主图背景要与产品本身相符合，但不能为了突出而哗众取宠，那样反而会适得其反。

（2）宝贝卖点

主图背景赢得客户的注意，客户就会认真看我们产品的主图。此时，我们需要有足够的卖点来吸引客户。

产品的价格、质量、性能等因素关键，我们必须把客户的需求和宝贝的优势完美结合起来，直击客户痛点，才是真正展现出了宝贝的买点。

图 4-19 所示，搜索的关键词是"保温杯"，既然是保温杯，客户首先考虑的就是保温效果和价格，那么重点的主图突出保温 48 小时和价格，就很好地突出了产品的卖点。

图 4-19 主图关键字（保湿杯）

（3）产品其他附加独特服务

现在产品的质量、性能基本上都差不多，所以很多卖家拼的是服务。很多老客户介绍朋友二次购买，其中服务起了重要作用。

图 4-20 中的窗帘,第一个卖家主图标明上门设计、安装,这样使主图的点击率有了很大的提高。

图 4-20　主图关键字(窗帘)

如图 4-21 所示,床这样的大件产品,物流及其安装都很成问题,下面主图哪个的点击率高呢?当然是左图占优势,它展现出了"降价、物流、安装"的卖点。

图 4-21　主图关键字(床)

实训五　闲　　鱼

一、我要知道

闲鱼是阿里巴巴旗下的闲置交易平台,APP 客户端主要分为 ISO 版和安卓版。淘宝二手平台一份用户调研显示,几乎人人都有闲置物品,而超过一半的用户倾向于让闲置物品放在一边不作处理。导致这种局面的原因,是因为大部分用户没有闲余时间及精力再去买卖闲置物品,而小部分用户则是不知道买卖二手商品的渠道。淘宝推出二手交易 APP,迎合了很多买家变"闲"为"现"的想法,也响应了社会低碳生活的号召。

闲鱼会员只要使用淘宝或支付宝账户登录,即可完成"一键转卖"个人淘宝账号中"已买到宝贝"、自主手机拍照上传二手闲置物品以及在线交易等诸多功能。使用改版后的"闲鱼",用户可以"一键转卖"淘宝上已买到的宝贝。在使用淘宝账号登录、单击进入"闲鱼"客户端一键转卖功能后,就会跳出用户在淘宝所买到的宝贝列表;单击宝贝后面的"一键转卖",便可轻松设置转让价、所在地、联系人等信息。下载并使用全新概念的"闲鱼"APP,个人卖家能获得更大程度的曝光量、更高效的流通路径和更具优势的物流价格等优势,让闲置的宝贝以最快的速度到达新主人手中。另外,闲鱼平台后台已无缝接入淘宝信用支付体系,最大程度地保障交易安全。

淘宝二手平台用户调研数据显示,超过 98% 的人有闲置物品,通过二手交易平台百姓网数据分析得出,2015 年二手市场信息增长量达 200%,从阿里巴巴公布的数据来看,闲鱼自 2014 年正式开始运营到现在,社区共拥有 1 亿用户、12 万个鱼塘,共计交易物品达 1.7 亿件,闲鱼的成交量增长 15.6 倍,卖家和买家的占比为 1.05/1,所以买家也是卖家。

闲鱼中的鱼塘是基于不同地理位置、不同主题的闲置品交易社群。就目前看来,鱼塘有 3 种,第一种基于地理位置,第二种基于用户的兴趣爱好,第三种基于全国的各大高校。如今是分享经济时代,闲鱼以鱼塘作为线上到线下的切入点,用户在线上完成交易的同时,也在线下达成,这是一种社交连接。

二、我的目标

(1) 了解闲鱼的基本功能。
(2) 掌握闲鱼的基本技能。
(3) 掌握信息布局的基本方法。

三、我来操作

1. 怎么在淘宝闲鱼中发布自己的闲置?

通过"闲鱼"APP,在"闲鱼"中发布闲置宝贝,宝贝可全新、可二手。发布闲置宝贝操作如下。

(1) 下载"闲鱼"APP 手机客户端,单击"下载"按钮,下载完毕后打开。有淘宝账号的会员可以直接登录,没有淘宝账号的用户需要先注册一个淘宝账号,如图 5-1 所示。

图 5-1　登录"闲鱼"账号

(2) 登录淘宝,单击左侧栏目中"主体市场"右侧的 ![主题市场] 打开特色市场中的闲鱼,进入闲鱼主页面。

发布闲置宝贝,如图 5-2 所示。

2. 产品的功能

(1) 产品的基本功能

产品的基本功能包括商品发布、商品分类、商品检索、商品浏览、商品收藏、商品分享、用户互动、商品购买。

(2) 特色功能

① 一键转卖:具有淘宝账号的用户可以一键转卖在淘宝上已经购买的物品,物品的原价、名称、主图都会自动添加,用户只需要输入转让价即可。

交 易 篇

图 5-2　发布闲置宝贝

② 添加语音描述：为商品添加视频描述，让买家感觉更真实，这样既提高了商品信息的清晰度，又免去了卖家发布商品时打字的烦琐步骤。

③ 交易前聊一聊：通过该平台买家可以向卖家咨询商品的详细信息，这样可以增加商品信息的完整性，解决买家的疑惑，卖家也可以在此测试买家购买欲的强烈度，有利于提高成交的可能性。

④ 鱼塘：鱼塘是基于地理位置、兴趣爱好和各大高校而形成的用户聚集地，不仅能促进同社区乃至同城的闲鱼交易，而且可以提高用户黏性。

3．闲鱼交易流程

闲鱼的整个买卖流程和淘宝大致一样，主要流程为：买家拍下物品→买家付款至支付宝→卖家发货→买家收货→买家确认收货→钱款打入卖家账户。

4．闲鱼的布局

（1）首页布局及信息设计，如图 5-3 所示。

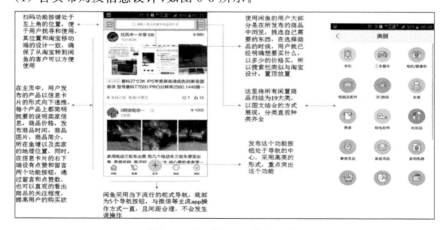

图 5-3　首页布局及信息设计

（2）检索流程页面布局及信息设计，如图 5-4 所示。

图 5-4　检索流程页面布局及信息设计

（3）宝贝详情页面布局及信息设计，如图 5-5 所示。

图 5-5　宝贝详情页面布局及信息设计

（4）"聊一聊"页面布局及信息设计，如图 5-6 所示。

图 5-6　"聊一聊"页面布局及信息设计

（5）鱼塘页面布局及信息设计，如图 5-7、图 5-8 所示。

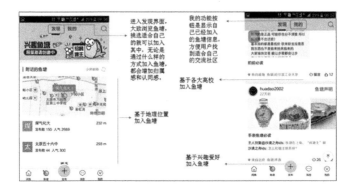

图 5-7　鱼塘页面布局及信息设计（一）

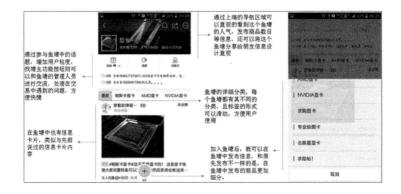

图 5-8　鱼塘页面布局及信息设计（二）

（6）发布商品布局及信息设计，如图 5-9 所示。

图 5-9　发布商品布局及信息设计

（7）消息界面布局及信息设计，如图 5-10 所示。

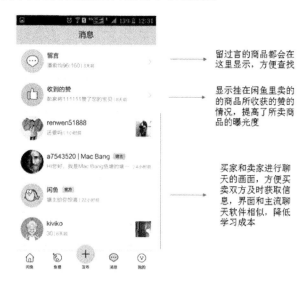

图 5-10　消息界面布局及信息设计

（8）个人信息布局及信息设计，如图 5-11 所示。

图 5-11　个人信息布局及信息设计

　　闲鱼整个界面采用了扁平化设计，去掉冗余的装饰效果，APP 主题以黄色为主视觉色调，配色清新，明亮。黄色发布按钮与白色主色调形成对比界面醒目突出。字体字号视觉感受合理舒适，按钮样式、尺寸恰到好处，状态形象简洁易懂。

闲鱼为用户买卖提供了完整的功能体验，整个过程高效、便捷，且学习成本低。闲鱼 APP 中有着优质的扁平化设计，便利的导航界面和全面简洁的商品概括，无论是从视觉浏览体验还是从产品设计角度来看，闲鱼都是一款非常优秀的 APP。

5. 实训练习

以个人闲置女装为例，在闲鱼平台上传并进行各种设计，以促进交易。

要求：

(1) 女装正确发布。

(2) 界面设计合理。

(3) 定价合理。

四、我的评价表

1. 知识和技能评价表

班级：_____　　　　小组：_____　　　　成绩：_____

评价项目	项目评价内容	分值	自我评价	小组互评	教师评价	得分
实操技能	①闲鱼注册	5分				
	②闲鱼基本操作	10分				
	③闲鱼布局设置	10分				
	④闲鱼商品定价	15分				
	⑤商品品类选取	15分				
理论知识	①闲鱼功能	5分				
	②鱼塘概念	5分				
	③布局设计规则	10分				
职业素质培养	①出勤、纪律	5分				
	②个人发言等课堂表现	10分				
	③团队协作精神	10分				

2. 小组学习活动评价表

班级：_____　　　　小组：_____　　　　成绩：_____

评价项目	评价内容及评价分值			自评	互评	教师评分
分工合作	优秀(16～20分)	良好(12～15分)	继续努力(12分以下)			
	小组成员分工明确，职责清楚，任务分配合理	小组成员分工较明确，职责较清楚，任务分配较合理	小组成员分工不明确，职责不清楚，任务分配不合理			

续表

评价项目	评价内容及评价分值			自评	互评	教师评分
实际操作技能	优秀(24～30分)	良好(18～23分)	继续努力(18分以下)			
	能按技能目标要求规范完成每项实操任务,能准确完成闲鱼商品的定价与规划	能按技能目标要求规范完成每项实操任务,但不能准确完成商品的定价与规划	能按技能目标要求完成每项实操任务,但规范性不够,不能完成商品的定价与规划			
知识、理念分析讨论	优秀(24～30分)	良好(18～23分)	继续努力(18分以下)			
	讨论热烈、各抒己见,概念准确、思路清晰、理解透彻,逻辑性强,并有自己的见解	讨论没有间断,各抒己见,分析有理有据,思路基本清晰	讨论能够展开,分析有间断,思路不清晰,理解不透彻			
总分						

五、我想提升

1. 宝贝详情描述

填写发布的宝贝详情,姓名可以不留,但一定要留下我们的电话号码和地址。

标题必须重视"品牌+商品名+辅助描述",用最简短的语言描述最全的信息,直击痛点。要考虑SEO搜索优化,品牌和商品名是必须的。例如,绝版Beats蓝牙无线运动耳机、Nike女款火烈鸟印花双肩背九成新、"进口"全新超实用防水防雾Speed男士游泳镜等。如果是服装类的,我们可以加一个风格描述,这样产品浏览量会更高;如果是物品类,可以加一个使用场景,越真实显得越实用,被卖出的机会越高。

2. 闲鱼分析

从战略目标分析,闲鱼是围绕二手交易为阿里的电商平台增进社交属性,将闲鱼其发展成为闲置物品交易社区。

从产品目标分析,闲鱼瞄准的是个人商品交易市场,是借助淘宝网的流量资源和淘宝账号体系,建立与淘宝付款模式类似的个人交易平台。

从用户需求分析,闲鱼进行的是个人闲置物品的买卖。

从用户群体分析,如表5-1所示。

交易篇

表 5-1　用户群体分析

用户群体	特征	需求
卖家	有闲置的物品，放着无用	把闲置的物品换成需要的物品或者现金
买家	需要相应的物品	对于全新的物品价格无力承受，以一个相对低廉的价格获得所需商品

从竞品分析，以 2016 年 4 月二手买卖 APP 综合指数排行榜为例分析，闲鱼的交易过程和淘宝购物极其类似，交易轻松便捷，又有淘宝做先前的经验，用户的购物感受和商品的可信度得到大幅提升，但是由于在大件物品的运输中，卖家需要支付高昂的邮费，所以闲鱼通过附近鱼塘鼓励大件物品进行同城交易。

实训六 微 店

一、我要知道

微店网由深圳市云商微店网络技术有限公司运营。微店网是全球第一个云销售电子商务平台,是计算机云技术和传统电子商务相结合的变革性创新模式,颠覆了传统网商既要找货源又要顾推广的做法,把企业主从烦琐的网络推广中解放出来,网民个人也省去了找货源之苦,是继阿里巴巴、淘宝之后最先进的电子商务模式。

1. 微店概述

微店是由北京口袋时尚科技有限公司开发的,2013年年底上架,微店完全免费,所有交易(除信用卡)不收取任何手续费。

微店每天会自动将前一天货款全部提现至店主的银行卡,让店主及时回款(一般1~2个工作日到账)。

(1) 功能

微店的功能主要包括:商品管理、微信收款、订单管理、销售管理、客户管理、我的收入、促销管理、我要推广、卖家市场等。版本更新后增加三个功能,货到付款、货源和商品分类。

功能详情如下。

• 商品管理。轻松添加、编辑商品,并能一键分享至微信好友、微信朋友圈、新浪微博、QQ空间。

• 微信收款。无须事先添加商品,和客户谈妥价钱后,即可快速向客户发起收款,促成交易。

• 订单管理。新订单自动推送、免费短信通知,扫描条形码输入快递单号,提高我们管理订单的效率。

• 销售管理。支持查看30天的销售数据,包括每日订单统计、每日成交额统计、每日访客统计。

• 客户管理。支持查看客户的收货信息、历史购买数据等,帮助我们分析客户兴趣、爱好,有针对性地进行营销。

• 我的收入。支持查看每一笔收入和提现记录,让时刻掌握我们账目。

- 促销管理。设置私密优惠活动,吸引买家,让商品价格更加灵活。
- 我要推广。多种推广方式,给我们的店铺带来的更多的流量,提高销售额。
- 卖家市场。批发市场、转发分成、附近微店、全面提升我们的店铺等级。

(2) 核心模式

云端产品库+微店分销。

(3) 核心使命

帮助中国企业建立可持续、可扩展、可积累的网上销售渠道。反对剥削,推广佣金不做隔级传递,更不收取微店主任何费用。

"云端产品库+微店分销"模式,颠覆传统电子商务让上千万的网民为我们销售产品,让企业老板从烦琐的网络营销中解放出来。微店很好地解决了货源与推广的分工问题。这是互联网分工进一步细化的体现。

2. 微店分类

微店分为手机版和电脑版两种,微店装修在电脑上操作较为全面并且方便,建议在电脑上进行微店装修。按买卖双方进行分类,可以分为买家版和卖家版。

3. 微店网专注为两种客户服务

(1) 为个人提供创业平台,每个网民用 QQ 登录,马上拥有自己的微店,即获得了整座云端产品库的产品销售权,从交易中赚到推广佣金,无须处理货源、发货、物流等问题。

(2) 为企业提供可持续、可扩展、可积累的线上销售渠道,供应商把产品发到微店网,就有无数的微店为其推销产品,供应商只需做好产品、客服、售后即可,推广交给万千个微店去做。

4. 微店与微信小店的区别

(1) 所属性质不同

微店是阿巴比提出的一种云销售模式,其利用微信平台实现用户免费在手机上开店销售的软件。

微信小店是基于微信公众平台打造的原生电商模式,是直接由微信开发运营的。

(2) 开店的门槛条件不同

微店是真正的零门槛。只需在应用商店搜索"微店"并下载应用。完成注册后,输入手机号并绑定银行卡即可在微信上开微店。任何私人账号都可以实现。

微信小店开通必须满足以下条件。

第一,必须是企业认证的服务号。

第二,必须开通微信支付接口。

第三,必须缴纳微信支付接口押金。

(3)运营模式不同

微店的模式是供应商把产品发到微店网,由无数的网民开设微店帮供应商销售。供应商获得订单,微店主获得交易佣金。

微信小店的模式是基于微信支付并通过公众账号售卖商品,可以实现包括开店、商品上架、货架管理、客户关系维护、维权等功能。从运营模式上讲,微信小店要实现的最终效果类似于移动端的淘宝。

二、我的目标

(1)正确理解微店的理念。

(2)掌握微店下载与注册的方法。

(3)熟练掌握微店商品上架与下架的操作技巧。

(4)熟练掌握微店商品推荐设置操作。

(5)掌握微店商品推广方法。

三、我来操作

1. 微店卖家版APP下载安装和注册

(1)下载和安装

- 微店下载(在百度中,搜索"微店下载",一般选择官网下载较为安全)。
- 安装微店,软件下载后,单击"安装"按钮,安装完成后,会提示"完成"。

(2)注册微店

微店可以通过QQ或微信登录,也可以注册登录,注册时进入微店会有注册提示,单击"注册"按钮,填写以下相关信息即可。

- 填写手机号码

填写手机号,注意正确输入,否则无法收到"验证码",填完之后,单击"下一步"按钮,设置密码。

- 设置密码

设置一个6~16位的密码,密码尽量要牢记,否则会给我们带来很多不便和麻烦。

- 填写个人资料

个人资料填写必须是真实姓名和身份证号,否则无法提现。

- 创建店铺

在空格处写上10个字左右的简单内容,单击"完成"按钮,此时微店就可以使用。

2. 微店商品选取与上/下架

（1）商品选取

① 产品选择把握以下几个原则。

- 消耗量大。
- 易保存。
- 品牌单一。

② 诚信。将产品做实拍图，公布地址和电话，欢迎客户电话咨询。若产品为网上配货，需要个人先确定商品质量再销售。

③ 市场。申请专用的聊天软件并搜索附近的人，目的就是产品就近不就远。

④ 配套服务。产品带有刺激消费欲望的店铺才有希望长远发展。例如，在蘑菇微店中挂卖小型汤锅，并在每种蘑菇说明中介绍简单的煲汤、炒菜工艺。

⑤ 创新经营。产品质量是销售中的重点，根据客户心理需求，合理调整经营思路，分析成本与利润，改变、呈现产品卖点，以此来吸引客户。例如，卖蘑菇时，在客户有送礼需求的情况下，我们可以配备包装盒子，考虑箱体大小和功能，达到热销的目的。

（2）商品上架

① 单击→"微店"→"商品管理"→"添加商品"，如图6-1所示。

图6-1 去云端产品库上架

② 网页跳转到上架页面，可以按"基本信息""型号/价格""运费/其他"自主填写要上架的商品，单击商品图片下的"上架出售"按钮选择商品，如图6-2所示。

③ 网页跳转到"商品管理"页面，选择"商品管理"→"自动生成商品详情"（可根据需求添加模块）→单击"上架出售"按钮，如图6-3所示，也可将此产品"放入仓库"。

④ 单击后台返回，通过"商品管理"→"出售中"操作可以看到我们上架的产品，如图6-4所示。微店商品下架比较简单，只需要单击"上架"按钮旁边的"下架"按钮即可，同时我们也可以通过"下架商品"查询下架的具体信息，如图6-5所示。

图 6-2　填写商品信息

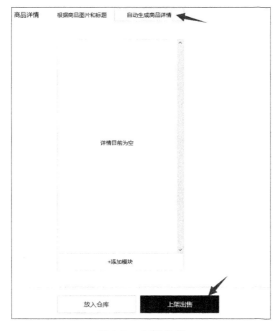

图 6-3　上架出售

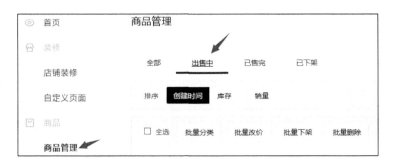

图 6-4 上架的商品

图 6-5 下架的商品

3. 商品营销方法和技巧

（1）微店商品推广方法

① 微信朋友圈推广

微信朋友圈是一种非常强大的推广区域，我们可以每天在微信朋友圈内发布商品信息，这种推广方法容易让人反感，但是灵活运用好微信朋友圈也会得到意想不到的效果。

② QQ 空间推广

QQ 空间是大多数年轻人每天都关注的地方，我们也每天习惯性地去看空间的内容和兴趣点，所以这也是一种推广方法，而且可以发链接，这一点是比较好的。

③ 新浪微博宣传推广

新浪微博相对微信而言，它独特的优势是可以以连接的方式推广，而且客户群体较多，但是需要我们去积累粉丝群体。

（2）微店内部推广方法

① 友情店铺推广

这种推广方式在彼此的店铺内可以互相推荐，以获得更多的客流量。

② 分成推广

分成推广可以让推广者帮我们推广商品,从而获得更多订单。但是这种交易成功后才要付费,不成功不收费。

③ 口袋直通车推广

口袋直通车可以帮助我们很快地获得较多的客户流量,但这种推广方式也是一种预先付费的推广方式,选择时要谨慎。

4. 微店推广攻略

(1) 向身边的亲戚、朋友、同事推广我们的微店

主动帮助我们身边的亲戚、朋友、同事开微店,他们自然就成为我们的分销商了。同时他们也拥有了自己的微店,他们通过QQ、微博、博客等方式进行分享。

(2) 通过QQ推广微店

我们知道,每个人可以申请多个QQ,每个QQ号都可以有几百个甚至上千个好友,我们可以通过这些新人的好友来开微店,使他们成为我们的分销商,一起通过微店平台推广。另外,每个QQ号可以加一些群,可以到这些群里面推广我们的微店,使他们成为我们的分销商。

(3) 分享推广

在每一个设置有"分享"按钮的页面中,我们可以单击"分享"按钮将其分享到QQ空间、微博等地方,吸引好友进入我们的微店。

(4) 博客推广

每天我们应该坚持写1篇博客,分享自己经营微店的心得,把我们微店的网址分享给网民,使网民通过博客获得我们分享的内容,会进而促使他们加盟创业,成为我们的分销商。

(5) 论坛推广

将我们的微店地址推广到年轻人比较多的论坛,因为只有吸引更多的人进入我们的微店,我们的分销商才会增长得快,进入我们微店购物的人才会多。

(6) B2B平台免费推广

类似于阿里巴巴、慧聪网这样的电子商务平台,注册后可以免费发布信息,推广我们的微店。

5. 微店分销申请材料

- 营业执照副本;
- 组织机构代码证副本;
- 银行开户许可证;
- 税务登记证副本;

- 法人代表身份证。

附加材料:品牌授权书和质检合格证明。品牌授权书是企业的商标证明;质检合格证明是行业检查报告,是找第三方检测机构出具的报告,我们可以在淘宝网上找一家可靠的合作单位。

注:如果不明白我们经营的产品检测报告可以进入"行业类目资质"网站查询。

四、我的评价表

1. 知识和技能评价表

班级:_____ 小组:_____ 成绩:_____

评价项目	项目评价内容	分值	自我评价	小组互评	教师评价	得分
实操技能	①微店申请流程	5分				
	②微店申请条件	10分				
	③微店运营模式	10分				
	④微店商品上/下架	15分				
	⑤微店商品推广	15分				
理论知识	①微店定位理念	5分				
	②微店营销理论	5分				
	③微店推广理念和方法	10分				
职业素质培养	①出勤、纪律	5分				
	②个人发言等课堂表现	10分				
	③团队协作精神	10分				

2. 小组学习活动评价表

班级:_____ 小组:_____ 成绩:_____

评价项目	评价内容及评价分值			自评	互评	教师评分
分工合作	优秀(16~20分)	良好(12~15分)	继续努力(12分以下)			
	小组成员分工明确,职责清楚,任务分配合理	小组成员分工较明确,职责较清楚,任务分配较合理	小组成员分工不明确,职责不清楚,任务分配不合理			
获取、使用相关信息	优秀(16~20分)	良好(12~15分)	继续努力(12分以下)			
	能使用适当的搜索引擎等从网络等多种渠道获取商品相关信息,并进行分析	能从网络获取商品相关信息,并较合理地选择商品	能从网络或其他渠道获取商品信息,但商品选择不够准确			

续 表

评价项目	评价内容及评价分值			自评	互评	教师评分
实际操作技能	优秀(24～30分)	良好(18～23分)	继续努力(18分以下)			
	能按技能目标要求规范完成每项实操任务,能准确完成微店的定位与规划,并找到适合自己微店的商品	能按技能目标要求规范完成每项实操任务,但不能准确完成微店的定位与规划,寻找的商品不太合适	能按技能目标要求完成每项实操任务,但规范性不够,不能完成微店的定位与规划,没有找到适合自己微店的商品			
知识、理念分析讨论	优秀(24～30分)	良好(18～23分)	继续努力(18分以下)			
	讨论热烈、各抒己见,概念准确、思路清晰、理解透彻、逻辑性强,并有自己的见解	讨论没有间断、各抒己见,分析有理有据,思路基本清晰	讨论能够展开,分析有间断,思路不清晰,理解不透彻			
总分						

五、我想提升

1. 微信小店

微信小店,是一个认证的微信公众号(认证一年一审核,每年300元年费用),必须要开通微信支付(微信支付押金是30 000元起)。从成本上来说,确实是有点高。审等待审核通过后,就可以开微信小店了。微信小店中需要逐一商品添加,图片也要一张张传,所以事先做好准备工作很重要。

2."微店"

除了官方的微信小店,还有不少免费非官方方案,如微店,通过朋友圈看到的商品,打开后看到的"我也要开微店"就是"微店"开张的起点。

3."微盟"开店

微盟是一个收费的第三方平台,首先需要我们有一个实体店(营业执照、开户证明必须有),一个认证的服务号,这是微盟开店的基础,具体开店操作由微盟代理商来完成。微盟具体收费需要根据商家自身专业特点和推广需求所选择的套餐种类而定,价格范围在3 800～13 800元。

微商篇

随着淘宝弊端日益凸显,传统零售将陆续走上搭建自营体系之路,无论是官方商城还是官方微信,逐渐把淘宝平台用户导入微信平台,同时建立会员体系,通过积分、优惠等多种手段深度拓展用户群。

未来零售行业将呈现电商、微商和传统零售三种形态,比例依次为3∶3∶4,没有任何一股势力能完全占主导地位,淘宝不可能完全颠覆传统零售,微商也不可能颠覆淘宝,三者一定是长期共存关系。

就电商发展趋势看,现在人人可以快递,人人可以卖房,人人可以电商,未来基于朋友圈信任的推荐也是非常有价值的。

1. 微信营销的特点

微信作为一款实用人数众多的社交APP,用户通过它将自己身边的朋友聚合起来,形成一种独特的微信熟人圈,因此微信营销具有针对性强、互动性强、移动性强的特点。

(1) 针对性强。微信营销的针对性比较强,因为微信好友添加必须通过对方的确认,订阅号需要用户关注后才可以看到其推送的信息,用户具有对信息的选择权,因此,微信营销是针对"关注"用户的营销。

(2) 互动性强。微信是一个互动社交平台,用户可以通过它进行交流沟通,商家通过用户的信息反馈了解用户的需求及产品推广情况,用户也可以通过留言的方式将遇到的问题及时反馈给商家。

(3) 移动性强。微信是基于移动端的应用,微信营销不受时间、空间的限制,无论身处何时、何地,只要有好的营销信息或者内容,就可以马上通过手机将其推送给用户。

2. 微信营销的商业价值

随着互联网的快速发展和微信新功能的推出,利用微信进行营销的企业和个人与日俱增。越来越多的企业在微信上开店铺、做宣传,其微信营销商业价值也逐渐显现出来。

(1) 用户规模大。微信有着数亿的用户,庞大的用户量给商家带来营销的基础。

(2) 微信公众号。微信公众号既为商家解决了线上的数字身份问题,又解决了传播模式的问题(一对多、互动反馈、富媒体、移动化),这让商家的销售更加多元化、丰富化。

(3) 准确的身份确认。现在的微信号是与用户手机号码关联在一起的,这也就意味着微信用户的信息更加真实可靠,这为在微信平台上进行营销活动提供了点对点的保证。

(4) 面向移动用户。微信是一款移动端APP,因此用户可以不受时间、空间的限制,随时随地刷朋友圈、看订阅号,这种随身性为商家提供了及时营销的可能。

实训七 微信朋友圈营销

任务一 微信朋友圈基础与操作

一、我要知道

"朋友圈"是微信一大亮点,更是微信的灵魂,朋友圈为微信用户提供了一个信息交流平台,在该平台下用户可以分享文字、图片、短视频或通过其他软件将文章、音乐、H5广告等内容进行分享,凭借朋友圈信息交流的特性,朋友圈成为微信营销的主战场。

"果咖"是一家通过微信朋友圈营销取得不错成绩的水果商铺,"果咖"不同于以往销售水果的商铺,它是专为其自己微信用户服务的一家水果商,通过微信扫描二维码送水果的方式为自己建立用户群,而后通过不定期地在朋友圈发送促销信息对所售卖的水果进行营销,如图 7-1 所示。

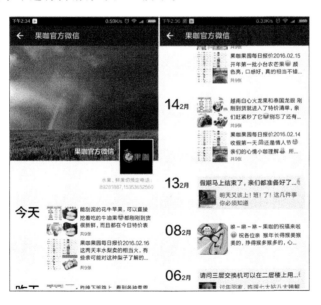

图 7-1 "果咖"朋友圈页面

像"果咖"这样通过微信进行有针对性的营销模式并不在少数,但能通过朋友圈进行有效营销的商家并不多,"果咖"之所以能够获得一个不错的营销成果,归结为趣味的图文内容与合理的发送时间两个方面,在发送图文内容方面,朋友圈为用户提供了图文、短视频、网络连接三类,图文类是我们在朋友圈中最常见的一种,即用户通过朋友圈将商品图片配合文字分析到朋友圈,以向朋友展示所营销的商品,在进行图文展示时用户应该注意的事项如下。

首先文字简明扼要,图片清晰具有吸引力,在制作图片时用户可以通过美图秀秀等工具将图片以趣味的形式展示。

其次要注意发送时间,一般选择在早上8点至9点之间,晚上6点、22点左右,因为这些时间段用户都在玩手机和聊微信。

再次需要注意发送朋友圈的数量,一般情况下在恰当的时段发送1~2条即可。用户通过分享链接将H5广告、微网页、游戏等链接分享至朋友圈以吸引朋友单击,在分享时用户同样需要注意发送的时间与条数,避免引起朋友圈中好友的烦感。

二、我的目标

(1) 灵活掌握选产品的7个原则。
(2) 理解掌握朋友创业的四大硬性条件。
(3) 朋友圈内容编辑的5种技巧。
(4) 掌握在朋友圈建立关系的8种方法。

三、我来操作

1. 理论知识

(1) 微信朋友圈选品原则。

第一,保证正品。

朋友圈是一个基于熟人或信任的朋友的交际圈,我们的营销也建立在信任之上,我们在能给朋友带来放心、带来价值的同时,朋友也会对我们更加信任。所以一定要保证正品。

第二,由形势而入。

首先我们选择的行业尽量是朝阳产业,并且这个行业的势头是不断上升的趋势,随着这个势来做营销相对会容易得多。目前几个比较主流的朝阳产业是:健康、教育、现代农业、医疗、娱乐业等。

第三,市场需要。

我们所选的产品必须有一定的市场、人群,并且人群不断扩大,满足业务的扩张。这个人群最好是品质生活或高端生活的人群,而我们做的产品尽量是他们生活中不可缺少的个性化的用品或功能性产品。比如美容、礼品、保健品、佩戴品等。

第四,适合自己。

产品类型最好是我们身边的人群比较多的或者是我们自己感兴趣的,这样我们自己的营销开展起来会更顺利一些,所以要选择受众面大、身边朋友也会喜欢的产品。

第五,单价要高。

在选品之前,我们能消化多少产品,如何转化出我们进货的量,产品单价多少合适,我们的好友多少个可以兼顾得过来,这是我们必须考虑的。例如我们预计要做到月销50万元,我们朋友圈100人可以转化5~20人。

第六,再次消费。

微信营销是以情感、价值为主的,朋友的再次消费可以加深相互之间的关系,也是衡量选品正确与否的有效方法。

第七,代理分销。

微信营销做到一定程度,我们可以找一些代理来分销,这样我们的销售额也会不断提升。微信营销成功的商家一般都会有自己的客户成为代理,通过他们推荐给朋友可信度也会更强。

(2)朋友圈创业的四大硬性条件

第一,好友数量。

微信营销前期至少要有300个微信好友,而且他们必须是高质量的目标客户。做微营销其实就是做客户数据营销。客户数据的大小,决定了我们财富的大小。

第二,产生"信任感"的微信头像

在微信营销中,彼此看不到对方,促进双方信任的只能是给人第一印象的头像和相互沟通。头像最好不用产品图片、二维码、LOGO,因为微信是私密加深关系的一种方式,产品、二维码会在无形中拉开与粉丝间的距离。微信建立的是一种强关系,用自己真实的头像最容易建立信任。

第三,社会人脉要增加。

在进行微信朋友圈营销时,社会人脉很重要,人脉加上资金和社会主流,朋友圈营销进行得一定会很成功。所以增加我们的社会人脉是微信营销成功的一个必要因素。

第四,文字功底要扎实。

一种好的产品,是需要一个会说话的文字去支撑它的。除了图片外,文字吸引读者注意力很重要,图文并茂才会有生命力。如营销衣服,直接将衣服图片和衣服的颜色、款式、号码放上去,一般的朋友浏览几次将会把我们拉入黑名单。所以,做微信朋友圈营销,必须有一定的文字功底,至少要把这个产品描述清楚,把产品的独特卖点写出来。

(3)朋友圈内容编辑的五种技巧

技巧一,专业性要强。

我们编辑的内容要更专业,比如,编辑与美容相关的文章,作者对于美容相关的专业知识一定要非常熟悉,并且能提出独到的见解。

技巧二,内容要给读者带来阅读的价值

任何内容都有其自身的意义和价值,胡编乱造的朋友圈内容完全得不到读者的认可。我们经常在朋友QQ空间和微信朋友圈里发现,那些被分享上万次的文章,都是很实用的生活小技巧、老中医的祖传秘方、让我们快速变幸福的秘密、实用快速减肥的方法等,这些内容都能够有效地帮助读者,使他们的生活更美好。

技巧三,具有看点的成功案例。

成功案例的内容更具说服力,更能引发读者分享的热情。例如,小米手机一个月获取10万粉丝的案例,吸引了大量网站的转载和无数的读者主动分享到自己的微信朋友圈。企业可以把自己操作成功的营销案例写成文章,鼓励读者主动分享。

技巧四,紧跟时事热点。

网民都比较喜欢了解最近的新闻热点,如果结合时事新闻热点创作内容,就更容易吸引更多读者的注意力,激发读者的分享热情。例如,微信5.3发布这个新闻热点,这是7亿微信用户最关心的事情,大家都想知道怎样运营好公众账号。此时写关于微信5.3的文章,肯定能吸引读者的分享。要紧抓热点时事,就要养成每一天阅读新闻的好习惯,这样才能抓住时事热点。

技巧五,发表与别人不同的观点。

物以稀为贵,如果我们编辑的内容与别人的观点都一样,就很难得到更多人的关注,所以发布朋友圈内容,必须通过独特的见解和表述形式引起大家的关注。

2. 实践操作

要求如下。

(1)每组设计创业方向,根据朋友圈创业的4大影响条件分析、选择和确定。

(2)每组选品3种,根据选品7个原则进行分析、讨论,最终选择适合的产品。

(3)朋友圈内容编辑(5种技巧),每组编辑3项内容。

(4)朋友圈关系的建立体现(8种方法),主要看结果。

(5)小组互评,作品分享。

四、我的评价表

1. 知识和技能评价表

班级：_____　　　小组：_____　　　成绩：_____

评价项目	项目评价内容	分值	自我评价	小组互评	教师评价	得分
实操技能	①考虑创业硬性条件	5分				
	②选品符合规定原则	10分				
	③内容编辑技巧	10分				
	④内容编辑合理、美观	15分				
	⑤朋友圈关系的建立	15分				
理论知识	①选品定位	5分				
	②创业四大硬性条件	5分				
	③朋友圈关系建立方法	10分				
职业素质培养	①出勤、纪律	5分				
	②个人发言等课堂表现	10分				
	③团队协作精神	10分				

2. 小组学习活动评价表

班级：_____　　　小组：_____　　　成绩：_____

评价项目	评价内容及评价分值			自评	互评	教师评分
分工合作	优秀(16~20分)	良好(12~15分)	继续努力(12分以下)			
	小组成员分工明确，职责清楚，任务分配合理	小组成员分工较明确，职责较清楚，任务分配合理	小组成员分工不明确，职责不清楚，任务分配不合理			
获取、使用相关信息	优秀(16~20分)	良好(12~15分)	继续努力(12分以下)			
	能使用适当的搜索引擎从网络等多种渠道获取信息，并合理地选择信息、使用信息	能从网络获取信息，并较合理地选择信息、使用信息	能从网络或其他渠道获取信息，但信息选择不正确，信息使用不恰当			

续表

评价项目	评价内容及评价分值			自评	互评	教师评分
实际操作技能	优秀(24~30分)	良好(18~23分)	继续努力(18分以下)			
	能按技能目标要求规范完成每项实操任务,能准确完成微信朋友圈的定位与规划,并找到适合自己朋友圈的商品	能按技能目标要求规范完成每项实操任务,但不能准确完成微信朋友圈的定位与规划,寻找的商品不太合适	能按技能目标要求完成每项实操任务,但规范性不够,不能完成微信朋友圈的定位与规划,没有找到适合自己朋友圈的商品			
知识、理念分析讨论	优秀(24~30分)	良好(18~23分)	继续努力(18分以下)			
	讨论各抒己见,概念准确、思路清晰、理解透彻,逻辑性强,有自己的见解	讨论没有间断、各抒己见,分析有理有据,思路基本清晰	讨论能够展开,分析有间断,思路不清晰,理解不透彻			
总分						

五、我要提升

在朋友圈建立关系的8种方法

1. 主动赞美一个粉丝

黄金人脉法则:想别人怎么对待我们,我们就怎么对待他人。

当我们想收获到更多的赞,首先要去赞粉丝,这样粉丝才会主动给我们点赞。学会主动去欣赏、赞美别人,对别人的认可和夸奖也是我们扩大交际圈、提高产品转换率的前提和基础。点赞需要注意,要先阅读粉丝的内容,根据内容实际情况决定是否点赞,发自内心的点赞,否则反而会适得其反。

2. 粉丝阅读与评论

每天利用我们碎片化时间阅读15~20个粉丝分享的内容,并且写下阅读后的心得,真心跟每一个粉丝交流。这样粉丝才会感觉到我们对他们的尊重。

3. 粉丝问题及时回复

粉丝会遇到很多问题,包括对产品的疑问、使用产品时遇到的问题等。他们提出问题时,肯定希望我们能及时回答。所以我们应安排一个具体的时间或碎片化时间来回答他们的问题。

4. 粉丝一对一沟通交流

微信营销主要是与粉丝一对一沟通,建立感情,增强彼此的信任,在沟通交流中达成产品交易。

5. 展示真实自我

我们所编辑的朋友圈内容必须是基于真实生活且为正面的信息,这样才会引发大家和我们一起深入交流,加深情感。不宜经常在朋友圈里发表消极、负面的信息。因为微信上的个人点滴及兴趣爱好能给大家一种真实存在感,以此增强对方对我们的信任。

6. 主动发起话题

主动发起话题最好的办法就是问问题。比如,我们在做营销时遇到的问题、制订方案时遇到的问题,都可以发起话题邀请粉丝一起来参与讨论,这样很快就能互动起来,同时使粉丝觉得我们把他当作自己的老师、好朋友。这里最好邀请15~20个粉丝来参与讨论,而且是我们最好的朋友。

7. 带动朋友圈里的人气

带动朋友圈人气必须培养10~15个信任度高的粉丝。培养一个信任度较高的粉丝所花的时间是一般粉丝的5~10倍。花费较多的时间去帮助粉丝,提供更多价值给粉丝,他们才可能成为我们真实的粉丝。

8. 跟粉丝产生共鸣

传播理念比传播产品更重要。所谓理念,就是区别于竞争对手独特的卖点。用一句话告诉顾客我们具有的独特之处。人是有独立思想的动物,要想顾客接受我们的产品,先要让顾客接受我们的产品理念。

马云的理念是"让天下没有难做的生意",乔布斯的理念是"活着就是要改变这个世界,不能改变这个世界的事我是不做的"。

为什么苹果的粉丝会像信徒一样痴迷它的产品呢?很重要的一点原因就是,粉丝与苹果的理念产生了共鸣。这些理念缩短苹果与客户之间的距离,提高了客户对苹果的信任度,所以苹果能够让客户更容易地做出购买的决定。

任务二 微信朋友圈营销与技巧

一、我要知道

1. 微信朋友圈的社交优势

微信朋友圈是微信的一个独立社交圈,以微信息、微动向著称,正在逐步成长为大家关注度很高的社交圈。与其他社交产品相比,其优势可以从以下几个方面进行分析。

(1) 微信朋友圈操作简单,有利于信息的随时随地发布更新。QQ空间和新浪微博也可以发布自己的最新动态,但微信朋友圈可以非常快捷地上传配图,既可以现拍也可以从内存上传。

(2)微信朋友圈是一种双向关系的确立,在一定程度上增加了用户的安全感。相比于微博,我们更清楚在微信朋友圈和我们成为好友的人是谁,因为微信朋友圈的相对空间比 QQ 和微博小,就算是陌生人也可以查看到对方的十张照片,对对方有一个初步了解,而不像 QQ 空间有访问设置。

微信朋友圈分享私密照片,不用担心被别人评论的动态被不熟悉的人看到,照片在收到评论和回复时,只会通知互动双方,并且照片评论者们只有在互为好友的情况下才能看到对方的照片评论,这又进一步加强了朋友圈的私密性和安全性。

(3)朋友圈营造了一种更加舒适的信息氛围。所谓的心灵鸡汤、心理测试、星座密语以及各类大号商业转发越来越多,微博平台的公共环境变得越来越差,人们变得压抑、烦躁和厌倦,而微信朋友圈晾晒生活的小清新吸引了很多人。微信提供给人们一个舒适的信息环境,一个可以在里面轻松地说话、与密友一对一交流的空间。

2. 朋友圈广告的优势和劣势

朋友圈广告的优势如下。

(1)现阶段国内使用微信的消费人群大多集中在中青年群体,这部分人群时尚观念较强,购买欲望也较旺盛,属于社会的中坚消费群体,而且极易受到外界信息的影响。微信是我们与亲朋好友沟通的工具,微信广告在朋友圈里的传播增强了广告本身的信赖度。

(2)手机微信广告推广的最大优势在于它的移动性,现代社会手机成为人们生活的一部分。以休闲为目的玩手机的用户,能够静下心来游览接收到的信息,并且对信息进行评论和互动分享,这样更有利于广告信息的传播。

(3)朋友圈营销不收取任何费用就可以"免费开店"的形式也使大量商家从此获得更多的利润,智能手机的普及是大势所趋,微信用户群体不断壮大也扩大了微信广告的发展空间。

朋友圈广告的劣势如下。

(1)微信朋友圈营销存在着非理性营销,微商大肆地在朋友圈刷屏广告,有时还夸大了产品的作用甚至出现虚假销售,造成微信用户利用拉黑、屏蔽的手段来获得朋友圈的清净。对于这种现象,微商应该首先在广告创意上更下工夫,用心经营好每一条广告。其次产品的质量要过关,才能提高用户对产品的信赖度,也不会被朋友拉黑。

(2)微信营销定位不明确,大部分微商在没有分析客户群体的基础上就一味地宣传广告,结果广告成了一种形式,效果几乎是零。针对这种情况,我们必须事先分析我们的产品,定位用户群,这样才能有更好的发展。

(3)微信用户的认证问题,微商并没有官方广告的品牌效应,也没有微博的 V 字认证。客户在选择时更偏向于官方认定并且有保证的店铺,所以用户的信任度在此也成为了一个难题。

(4) 微信软件自身的局限性,用户无法得知对方是否在线,也给交易造成了困扰。当卖家与买家沟通时,无法及时得到对方的回复,也降低了交易的效率。

二、我的目标

(1) 掌握微信朋友圈打造个人品牌的3种方法。
(2) 灵活掌握朋友圈相册管理的4种规划技巧。
(3) 朋友圈成交策略设计。
(4) 快速增加微信粉丝的5种方法。
(5) 如何预防微商朋友圈被用户屏蔽。

三、我来操作

1. 理论知识

(1) 打造微信朋友圈个人品牌的3种方法

在微信上,我们的商品描述不能做到淘宝那么全面和详细,也没有所谓店铺装修(微店除外),更没有什么评价体系,也没有保证金,那么我们如何进行微信营销呢?大家公认个人品牌很重要,让朋友圈的好友对我们产生信任很关键。

方法一:微信名和头像命名。

微信名称最好是用品牌名+我们的名字,如"农味网阿文""有机哥曹易"等,既可以突出我们的品牌或公司,又可以让人记住我们的名字(别名也行),给人真实感。头像尽量与我们的产品和公司相关或与我们本人相关。个人信息尽量真实化给人亲切感。

方法二:微信内容真实。

微信内容要真实,让人感觉到鲜活的生命。因为在微信里,大家没有见过面,都是通过微信进行了解。

根据个人和产品的不同,采用的方法也不同,但唯一不变的是,必须要将我们真实的一面展现出来,让大家感觉到我们鲜活的生命,对我们及产品产生兴趣。

方法三:借助外力提升自己。

微信最大的特点是平民化和扁平化,我们可以关注任何想关注的人,同样这些人也可以关注我们,大家是平等的关系。在某个领域有一定知名度和权威的大佬,我们必须吸引他们的关注,多和他们交流、沟通和分享,最终得到他们的支持和帮助,让他们在微信、公众号中为我们宣传、推广。

(2) 朋友圈相册管理的4种规划技巧

微信朋友圈向粉丝传递价值,最好的办法就是利用微信朋友圈图文结合的方式,编写软文向粉丝传递价值。如果粉丝看了微信朋友圈里的封面,接下来想进一步了解我们,那么他就会阅读微信朋友圈相册里的内容。所要我们在朋友圈里发的内容,非常重要,这决定了粉丝怎么看待我们。

微信朋友圈相册管理规划技巧如下。

技巧一:分享企业图片。

通过分享企业产品照片,让粉丝更了解产品,并激发粉丝购买产品的兴趣。分享企业产品照片时,要分享产品的各个环节的细节照片,以增加产品的真实性。

技巧二:分享我们的生活照。

分享我们生活照的目的,就是增加粉丝对我们的信任度。我们分享真实的生活照,会让粉丝感到他是在和一个真实的人交往,而不只是一个活在微信里的虚拟的人。分享的生活照必须是表现自己生活中正能量的照片,因为每个人都希望跟一个有正能量的人交往。

技巧三:照片和内容相符。

如果我们分享的内容是健康方面的,那么自己发的照片也应是健康方面的,这样可快速引起粉丝的共鸣。

技巧四:幽默照片。

每一个人都希望自己的生活充满幽默感,如果我们每天分享的都是关于枯燥、死板的内容,这会让人厌倦、无趣。所以适当地上传幽默图片反而会引来粉丝的关注。

(3)朋友圈的成交策略设计

做任何营销推广都需要去投入,投入分为两个方面:时间投入和金钱投入。想不投入就获取大量的顾客是不可能的。

成交策略一:顾客的关注成本。

要想获取目标客户的关注,我们需要通过推广(一般做广告)寻找到潜在的顾客,这时就要付出成本。例如,在微信朋友圈卖化妆品,我们要想获得更多顾客的关注,就必须先找到这些顾客。

比如,可以写一篇文章请那些情感专家帮我们发表在他的博客或者微博中,以此来达到推广的目的,这种方法可以吸引大量的粉丝关注。但要通过付费的方式使这些情感专家帮我们推广,这就是广告成本。

成交策略二:顾客的培育成本。

潜在顾客关注我们,但不会向我们购买产品,因为顾客不相信我们,吸引顾客购买最好的办法就是给顾客提供免费试用,我们称这种产品为鱼饵产品。鱼饵产品通常都是免费送给顾客使用的,可以是试用装产品或者小包装产品,还可以是与后续产品有关的产品。比如知识类的产品,可以是一段视频、一个免费的报告。让顾客了解产品的价值,取得他的信任,这样他才会向我们购买产品。

要想快速把潜在顾客转化成真正的顾客,就要增加顾客的培育成本。我们要提高成交的人数,既要增加关注成本又要增加培育成本。我们在设计产品层次时就不能只设计一个层次的产品了,一个层次的设计产品是很难成交的。要设计的产品主要有如下三种。

第一,鱼饵产品。鱼饵产品主要是用来到鱼塘钓鱼的产品。要钓鱼当然需要鱼饵,只有放入鱼饵才有鱼来咬钩。比如我们是卖化妆品的,那么我们可以拿出一款好的面膜让顾客来使用,吸引粉丝的关注。

第二,信任产品。这个产品通常是一个价格很低的产品,只是为了获取潜在顾客的信任。当顾客使用这个产品以后,就能快速增加顾客对企业的信任。

第三,利润产品。当顾客使用我们的产品以后,我们就可以向这些潜在的顾客销售高利润产品,从而快速获利。

用这样的产品设计来增加成交顾客是一种非常可行的方法,所以当我们在微信朋友圈营销产品时,可以借鉴这种营销模式。

(4)快速增加微信粉丝的5种方法

方法一:软文推广。

软文推广是一种最快、最有效、加粉丝最精准、黏度最高的一种推广方法。凡是微信营销做得比较成功的个人或企业基本都是靠软文编写,我们可以写自己的故事、分享干货、分享生活、分享知识、分享如何做微信营销为主的文章并将其发布到一些专业的网站和公众号,这样就会有很多平台和朋友帮我们去转发和推广,让更多的微信好友了解我们并加好友。

软文编写很重要,但我们也不需要所有的文章都原创,可以转载好的文章,前提是我们要好好定位,注册微信公众号,这样我们可以把基础粉丝都吸引到微信公众号上,通过微信公众平台向微信粉丝推送信息(文字消息、图文消息、多图文消息、音频消息、视频消息)。

方法二:烘托气氛。

朋友圈营销需要先包装自己,让别人觉得我们的产品保证质量、保证效果,并且高大上的产品。朋友圈是一个密闭空间,我们发的信息除非别被别人屏蔽,否则绝对能占据别人的屏幕。因此引粉是关键,引粉要讲究技巧和方法。

方法三:好友推荐。

好友推荐方法直接有效、立竿见影,尤其是让那些粉丝多的人推荐,一下子会有几百上千的人加我们。但是也要看其本身的价值、推广的内容及照片等。如果我们能够借助一些大V推广是最好的(一般都是要付费的)。

方法四:微群加好友。

进入微信群、加好友的方法很简单,但是微信限制加好友,群内的一部分人不愿意被加好友,所以我们要有针对性地进群,找到自己的目标客户。例如,我们是卖面膜的,我们进入一些妈妈群,这就很有用,因为她们都是我们的客户。

方法五:线下活动。

我们应该多参加一些同学聚会、同行聚会、线下论坛、行业交流等线下活动,这样可以多和他们交流,建立关系,添加他们为微信好友,这种方法添加的人黏度很高,因为大家有一面之缘,没有防备心理。

以上是比较普遍又行之有效的方法,当然还有很多,如微博、QQ空间、视频等。这些其实都离不开内容,都是需要我们写一些文章发布在一些网站和论坛上,这样我们的粉丝会越来越多,并且很精准。

(5)防微信朋友圈被用户屏蔽的方法

现在基本上每个人的微信朋友圈都会有微商的存在,微商每天不停地发广告导致很多人都直接屏蔽掉,微商朋友圈如何不被屏蔽就成了微商推广的首要任务,下面我们就来讲讲朋友圈如何预防屏蔽。

方法一:吸引关注。

第一,最有价值类关注自媒体原创文章。

这个难度相对有点大,但是也是最有价值的,这些是通过思考和实践得出的,并且持续不断地分享有价值的原创文章,会让认同我们的有价值的网友主动添加好友,这比我们主动加好友效果好得多,但加好友不是目的,目的是传递彼此的价值共同成长进步。

第二,热点借势类关注,借助热点,快速制作。

看到一条消息能大致判断出是否会形成热门话题,当然这需要多看、多想、多写才能形成;看到热点之后,分析其中的核心触发传播的点,再将我们产品的点植入,这种方法威力极大,运用得当,可以有效地扩大传播范围。

第三,持之以恒地关注QQ群、帖吧、豆瓣、知乎等。

这种方法需要持之以恒的在各个平台布局,形成属于自己的营销推广互动战场,哪种方法最有效,并将此做到极致,这个平台的资源就属于我们。

第四,灵活变通并关注线下资源整合等。

匹配目标群体可接触的群体,比如从店、到店来回分别切入。

第五,简单操作类,关注信息导入、手机、QQ等。

这种方法是最常用的,例如,利用百度批量导入手机号、QQ号。这里要特别注意的是选择信息时尽可能找目标群体。

第六,罗列常用的社交工具供大家参考下载使用。

例如,微博(做传播)、微信(主做点对点服务)、豆瓣(文艺气氛为主)、知乎(知识专业性强)、人人网(学生市场为主)、QQ空间(90、95后的二三线城市为主)、陌陌(职场的陌陌)、大姨妈(精准APP,分享自己知识)、美柚(精准APP,年轻女性月经周期知识)等。

方法二:成为伙伴。

以"价值认同、赚钱为先、携手联盟"为理念,我们很容易和对方走在一起并成为信任的朋友。

方法三:留住用户。

日常类:在产品基础上做好专业知识解答和相关知识分享。

在日常运营中,首先加强自身对于产品专业知识学习;其次发布内容必须体现"真实"的情况,至少让客户感知到这个内容是有情感有温度的。

活动类:结合微信社交平台的特点,推荐分享,主动引发参与,特别是在重大节日、新品上线、社会热点类等做一些互动。

现在微商竞争很大,如果用户屏蔽了我们也就意味着我们少了很多销售产品的机会,所以学会如何推广,如何不被用户屏蔽是做微商必须考虑的问题。

2. 实践操作

要求如下。

(1) 每组根据选择的产品在微信朋友圈打造个人品牌(注意3种方法的运用)。

(2) 每组朋友圈相册管理(注意4种规划技巧的分析和运用)。

(3) 朋友圈产品成交策略设计。

(4) 快速增加微信粉丝的实践应用(5种方法)。

(5) 实践微信朋友圈被屏蔽的预防措施。

(6) 小组互评,作品分享。

四、我的评价表

1. 知识和技能评价表

班级:_____   小组:_____   成绩:_____

评价项目	项目评价内容	分值	自我评价	小组互评	教师评价	得分
实操技能	①个人品牌打造	5分				
	②朋友圈相册管理	10分				
	③微信粉丝的增加	10分				
	④预防朋友圈被屏蔽	15分				
	⑤产品成交策略	15分				

续 表

评价项目	项目评价内容	分值	自我评价	小组互评	教师评价	得分
理论知识	①品牌打造方法	5分				
	②防朋友圈被屏蔽措施	5分				
	③相册管理技巧	10分				
职业素质培养	①出勤、纪律	5分				
	②个人发言等课堂表现	10分				
	③团队协作精神	10分				

2. 小组学习活动评价表

班级：＿＿＿＿＿＿　　　　小组：＿＿＿＿＿＿　　　　成绩：＿＿＿＿＿＿

评价项目	评价内容及评价分值			自评	互评	教师评分
分工合作	优秀(16～20分)	良好(12～15分)	继续努力(12分以下)			
	小组成员分工明确,职责清楚,任务分配合理	小组成员分工较明确,职责较清楚,任务分配较合理	小组成员分工不明确,职责不清楚,任务分配不合理			
获取、使用相关信息	优秀(16～20分)	良好(12～15分)	继续努力(12分以下)			
	能使用适当的搜索引擎从网络等多种渠道获取信息,并合理地选择信息、使用信息	能从网络获取信息,并较合理地选择信息、使用信息	能从网络或其他渠道获取信息,但信息选择不正确,信息使用不恰当			
实际操作技能	优秀(24～30分)	良好(18～23分)	继续努力(18分以下)			
	能按技能目标要求规范完成每项实操任务,能熟练掌握微信朋友圈操作的各种技巧。	能按技能目标要求规范完成每项实操任务,但不能熟练掌握微信朋友圈操作的各种技巧。	能按技能目标要求完成每项实操任务,但规范性不够。不能掌握微信朋友圈操作的各种技巧。			
知识、理念分析讨论	优秀(24～30分)	良好(18～23分)	继续努力(18分以下)			
	讨论热烈、各抒己见,概念准确、思路清晰、理解透彻、逻辑性强,并有自己的见解	讨论没有间断、各抒己见,分析有理有据,思路基本清晰	讨论能够展开,分析有间断,思路不清晰,理解不透彻			
总分						

五、我想提升

1. 微信朋友圈广告的诞生

作为国内即时通信领域的领头羊的腾讯,当然不会对当下的互联网市场的变化无动于衷。2012年3月,微信用户数突破1亿大关,而这个数据到2015年增长至5亿。然而微信朋友圈的诞生使人们更加依赖微信,根据微信团队监测的数据显示,微信朋友圈每天的发帖数量已经远超微博最辉煌的时期。如今,微信不单单是一款即时通信的手机客户端了,它更成为商家获利的一个平台。基于如此庞大的用户群,微信终究无法免俗地利用广告来作为盈利手段。业内预估,朋友圈广告初期一年可为微信带来50亿元的收入,未来或每年贡献100亿元收入。很多用户担心朋友圈若充斥大量的广告反而变味了,而微信官方则称:"这会是首款由用户决定是否存在的广告。我们在打开朋友圈界面时会发现,用户只要点击朋友圈推广信息上的'不感兴趣'的按钮,即可屏蔽广告,并且广告数量并不多。"这也是微信比微博更聪明的广告营销方式,这种完全由用户来把握选择权的方式,并不那么令人讨厌。然而除了微信朋友圈的官方广告之外,还有一种新型的营销方式闯进了我们的生活——微商的出现。

2. 微商的诞生

我们现在看到,不仅微信官方推出广告,微信用户也能凭借自己的好友基础在微信朋友圈中发布个人广告,这使不少人从中盈利,成为现代互联网创业中一种新兴的创业模式。普通账号基于个人在手机登录后,可以通过加QQ好友、查看附近的人、摇一摇、建立微信群等方式来圈粉丝,在营销上可主动出击,伸缩自如。我们会发现身边的同学、朋友、亲戚都不约而同地做起了微商。微商的时代已经到来,微商利用朋友圈发表图片的功能,以文字加图片的方式进行产品宣传。他们从代理商入货,卖的产品以面膜、化妆品、瘦身产品居多。虽然没有具体的数据统计微商的数量,但据业内人士估计,微商经营的人高达千万。微商发展的速度着实惊人,每个人的朋友圈里至少有一个微商的广告。微商的广告与官方的广告截然不同,官方的广告可以自主选择,而微商则会一直刷屏广告,使用户在不得已的情况下只能选择屏蔽。

3. 微营销的13条军规

军规一:微商们要弄清自己的目标粉丝是哪些人,不要向非目标用户献殷勤,不然会竹篮打水一场空。

军规二:微营销上的关系是双方自愿的,微商们可以主动搜索搭讪,或者通过活动创造机会,但是骗粉和流氓手段强制关注,最终都是无价值的。

军规三:粉丝关注我们,要么是微商提供了他认为有价值的信息,要么他本身已经是某品牌的拥护者,大部分微商需要提高自己的价值。

军规四:微营销利用的平台装修看似很简单,但是"门面"装修有时候很重要,营销往往从细节开始,给粉丝留下一个鲜明的好印象。

军规五:微营销要做到有规律、有规划,有自己的特色,而不是一个无规律状态。

军规六:在微博、微信上人人平等,商户要走下神坛,放低姿态与用户对话,所以微博、微信等语言要网络化,用他们听得懂的方式来表达。

军规七:商户微信、微博要100%讲与企业或用户相关的内容,但记住一定要用彼此能理解的表达方式。

军规八:微商们好的内容还需要把握住发布的时间,所以摸清我们粉丝的规律很重要,传播效果不好,有时候可能问题在于时机不对。

军规九:微商微营销不要老用定时器,那样只会让我们与用户更疏远。

军规十:微营销内容要尽量原创(或伪原创),即使文字不那么华丽也没关系,因为那是我们独有的,至少转发分享后的内容不会与其他雷同。

军规十一:微商无法做到主动关注每一个粉丝,但那些自发与我们评论、转发或私信的粉丝,我们需要尽量做到回应,让他们知道我们是一个懂得关心他们的人。

军规十二:做微商的微信、微博不仅内容要有趣好玩,还要定期开展一些创意的活动,既活跃气氛、加强沟通,又能够回馈一些粉丝。

军规十三:微商的产品和服务必须要靠谱,即使知名度不高,产品服务有瑕疵都不要紧,关键是微商要有责任心和上进心,能够对用户负责,否则谁敢成为我们的粉丝,品牌有时候是可以被炫耀的。

实训八　微信订阅号营销

如果说微信朋友圈为用户提供了一个信息分享交流的平台,那么微信订阅号则为用户提供了一个了解信息的平台,微信订阅号是微信公众平台账号的一种,企业和个人均可注册,注册成功后,可在其订阅号下推送图文、文本、图片、视频等形式的内容,以供关注的用户观看。

众所周知,微信相比于 QQ、微博而言是一个相对封闭的信息交流平台,在微信朋友圈中,用户只能看到好友的信息,而不能获得好友以外的信息,这也就意味着微信朋友圈的营销具有一定的局限性,然而微信订阅号弥补了朋友圈的不足,用户通过关注不同的订阅号,以获得朋友圈以外的信息,因此订阅号营销已经逐步成为微信营销中一个非常重要的部分,吸引了很多企业、个人的参与,CCTV 就将"央视新闻"的栏目延伸到了微信端,成为新闻类的订阅号。蘑菇街、美丽说更是积极地在微信端开设了自己的订阅号以吸引更多用户的关注。例如知名作家周国平就通过订阅号发表文章并与读者交流。

微信公众平台是腾讯公司在微信的基础上新增的功能模块,借助这个交流平台,个人和企业都可以打造一个微信公众号,可以实现实时交流、消息发送和素材管理。用户对自己的粉丝分组管理、实时交流都可以在这个界面中完成。

微信公众号主要面向名人、政府、媒体、企业等机构推出的合作推广业务。在这里可以通过微信渠道将品牌推广给上亿名微信用户,减少宣传成本,提高品牌知名度,打造更具影响力的品牌形象。

微信公众平台目前一共推出了三种公众账号:订阅号、服务号与企业号(它们之间是不能相互转换的)。

订阅号:主要偏于为用户传达资讯(类似报纸杂志),认证前后每天只可以群发一条消息。

服务号:主要偏于服务交互(类似银行、114、提供服务查询),认证前后每个月可群发 4 条消息。

企业号:主要用于公司内部通信,需要先有成员的通信信息验证才可以成功关注企业号。

订阅微信号具体功能如下。

面向人群:面向媒体和个人提供一种信息传播方式。

消息显示方式:折叠在订阅号目录中。

消息次数限制:每天群发一条。

验证关注者身份:任何微信用户扫码即可关注。

消息保密:消息可转发、分享。

高级接口权限:不支持。

定制应用:不支持,新增服务号需要重新关注。

微信订阅号作为营销的一种途径,订阅号内容的好坏、推广运营的技巧都将成为订阅号营销能否取得成绩的重要因素。做好订阅号的内容,关键字有4个:新、精、趣、准。"新"是指内容新鲜,即每天发布的内容是否有新鲜感。"精"指的是内容的品质,如果我们做的内容没有质量,怎么会有用户一层层击进去看呢?"趣"就是指内容的精彩程度和趣味性。"准"是指对内容的定位要准,对账号用户的定位也要准。如果我们能够做好这四点,相信用户成为粉丝只是时间的问题。

任务一　微信订阅号注册

一、我要知道

(1) 电子邮箱不绑定(订阅号激活需要电子邮箱),建议启用一个注册微信的专门邮箱。

(2) 身份证号年满18周岁。

(3) 微信需要绑定银行卡。

(4) 准备好微信公众账号昵称,审核后填写,建议5个文字以内。

(5) 准备好账号的功能介绍,审核后填写,20个文字以内,可以是公众账号的服务内容或品牌广告语。

(6) 准备好微信号,创建后设置,必须以字母开头,可以包含字母、数字、下画线"_"和减号"—",一般为6~20个字符。确认微信号时,应先在微信里搜索一下该号是否被使用(设置后不可更改)。

(7) 准备好微信头像,创建后设置,建议使用品牌LOGO,尽量高清,注意圆图。

(8) 准备好认证信息,创建后提交,24个文字以内,可以是品牌商家介绍内容。

二、我的目标

(1) 学会独立申请微信订阅号。

(2) 掌握微信各种内容的设计思路。

(3) 确定公众号主题内容。

三、我来操作(案例分析)

"我的农庄"主营提子、草莓、草鸡蛋、鹅蛋、鱼等天然绿色食品,以前往"我的农庄"实地采摘体验为主要方式。由于该农庄刚刚起步,需要对外进行宣传,现针对该农庄基本情况,设计制作公众订阅号。

1. 订阅号申请过程

第一步,通过百度搜索页面进入微信公众平台登录页面,在右上角有一个"立即注册"的按钮,单击此按钮进入注册页面,如图 8-1 所示。

图 8-1　立即注册

注意事项:记住邮箱名称和密码,以便将来进入公众后台编辑使用。

第二步,将注册好的邮箱填写进去,然后设置密码,输入验证码。单击"同意"微信公众平台规则,单击"确定"按钮进入下一步,如图 8-2 所示。

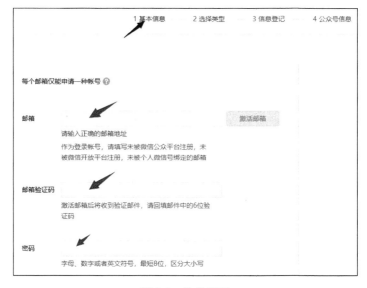

图 8-2　注册页面

第三步,此时,系统会自动发一封邮件到我们的邮箱,提醒登录邮箱激活微信公众号,即登录时要用的账号,如图8-3所示。

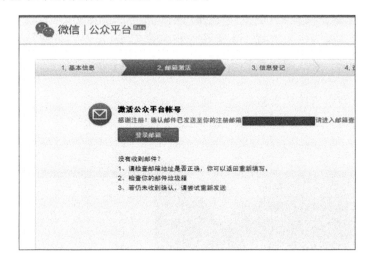

图8-3 激活微信公众号

第四步,登录刚刚注册的邮箱,打开公众平台产品经理发来的邮件,根据信息提示单击超级链接的网址,即可激活并跳转到微信填写信息的页面,如图8-4所示。

图8-4 邮件激活

第五步,填写信息的时候,选择"个人",需要的资料有身份证真实姓名和号码,这个要提前准备好,其他的都是一些常规信息,按照要求填写即可,如图8-5所示。

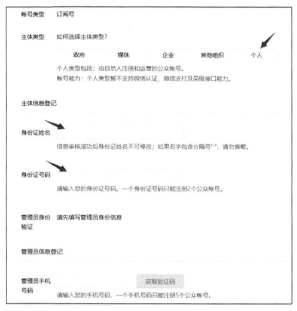

图 8-5 填写个人信息

注意事项：

① 身份证必须年满 18 周岁；

② 微信需要绑定银行卡。

第六步，填写完毕即可登录公众平台，系统会在很短时间审核大家提交的信息（周六、周日、节假日估计较慢），并发一个系统通知给我们。此时，我们就可以正常编辑个人微信订阅号了，如图 8-6 所示。

图 8-6 编辑个人微信号

2. 实践操作

为"我的农庄"申请注册公众订阅号,要求如下。

(1) 订阅号名称"我的葡萄农庄"。

(2) 订阅号基本信息要全面。

(3) 申请邮箱的名称要有代表性。

(4) 正确认识该订阅号的定位。

四、我的评价表

1. 知识和技能评价表

班级:_____   小组:_____   成绩:_____

评价项目	项目评价内容	分值	自我评价	小组互评	教师评价	得分
实操技能	①电子邮箱申请	10分				
	②订阅号申请	20分				
	③订阅号命名	10分				
理论知识	①订阅号定位理念	10分				
	②订阅号主体规划理论	10分				
	③订阅号菜单命名	10分				
职业素质培养	①出勤、纪律	10分				
	②个人发言等课堂表现	10分				
	③团队协作精神	10分				

2. 小组学习活动评价表

班级:_____   小组:_____   成绩:_____

评价项目	评价内容及评价分值			自评	互评	教师评分
分工合作	优秀(16~20分)	良好(12~15分)	继续努力(12分以下)			
	小组成员分工明确,职责清楚,任务分配合理	小组成员分工较明确,职责较清楚,任务分配较合理	小组成员分工不明确,职责不清楚,任务分配不合理			
获取、使用相关信息	优秀(16~20分)	良好(12~15分)	继续努力(12分以下)			
	能使用适当的搜索引擎从网络等多种渠道获取信息,并合理地选择信息、使用信息	能从网络获取信息,并较合理地选择信息、使用信息	能从网络或其他渠道获取信息,但信息选择不正确,信息使用不恰当			

续表

评价项目	评价内容及评价分值			自评	互评	教师评分
实际操作技能	优秀(24～30分)	良好(18～23分)	继续努力(18分以下)			
	能按技能目标要求规范完成每项实操任务,能准确完成订阅号的定位与规划,并找到适合自己的商品	能按技能目标要求规范完成每项实操任务,但不能准确完成订阅号的定位与规划,寻找的商品不太合适	能按技能目标要求完成每项实操任务,但规范性不够不能完成订阅号的定位与规划,没有找到适合自己的商品			
知识、理念分析讨论	优秀(24～30分)	良好(18～23分)	继续努力(18分以下)			
	讨论热烈、各抒己见、概念准确、思路清晰、理解透彻,逻辑性强,并有自己的见解	讨论没有间断,各抒己见,分析有理有据,思路基本清晰	讨论能够展开,分析有间断,思路不清晰,理解不透彻			
总分						

五、我想提升

1. 头像问题

圆头像用于用户个人关注展示;

方头像用于跟用户聊天中显示。

头像每个月可以修改5次,修改后请在24小时内留意是否修改成功。

图片支持的格式为:bmp、jpeg、jpg、gif。

注意:头像可以修改但无法删除、屏蔽。用户搜索公众号时会根据用户的网络情况有一定的读取时间(未读取成功会暂显示一个灰色人形图像)。

2. 名称修改问题

微信公众号注册页面已明确提示,公众号名称一经设置不允许修改。公众平台页面提示有:"目前这边暂时无法帮您修改公众号昵称""建议您可以通过微信认证""在认证过程中有一次重新提交命名的机会""如果认证账号未到年审时间,支持提前认证(微信认证审核服务费用300元/次,且必须符合微信认证命名规则)"等。

3. 修改绑定邮箱问题

(1) 微信公众号注册/登录邮箱被修改后,之前使用的邮箱可以注册其他的公众账号。

（2）如果微信公众平台账号是使用 QQ 号码注册的公众号，登录方式升级成邮箱后，此 QQ 号码可以重新注册个人微信号。

4. 微信号设置

（1）微信公众号允许设置 1 次微信号，设置微信号后将无法修改。

（2）目前微信号不支持设置为中文账号，必须是以字母开头的账号（可以使用 6～20 个字母、数字、下画线和减号，必须以字母开头）。

（3）微信公众平台设置的微信号与手机微信个人账号是互通的（比如，公众号已经设置了该微信号，通过手机微信个人账号设置该微信号，会提示"该账号已被占用，或被其他人注册"）。

5. 功能介绍修改

微信公众平台功能介绍的修改方法如下。

登录微信公众号→设置→账户信息→功能介绍→修改，输入我们需要修改的内容后确认即可（功能介绍需在 120 个汉字或 120 个字符以内）。另外，需要注意的是一个月内功能介绍可以申请修改 5 次。

6. 绑定/同步微博规则

（1）目前该功能正在优化调整，暂不支持绑定。

（2）如果用户已经绑定了微博，仍可以将群发消息同步到腾讯微博，但解绑微博后将无法再重新绑定或同步，用户应谨慎操作。

（3）绑定腾讯微博后，用户可以将群发消息同步到腾讯微博（勾选"同步群发到腾讯微博"即可同步）。

7. 二维码问题

（1）微信公众号二维码尺寸都是 430 像素×430 像素，如需放大或缩小，可选择"更多尺寸"，选择相应尺寸下载即可。

（2）微信公众平台二维码由系统自动生成，暂不支持修改。如需修改二维码中间的照片，直接更换头像即可，修改二维码中间的照片或者账号信息变更都不影响原二维码的正常使用。

任务二　微信订阅号菜单项添加与编辑

一、我要知道

1. 各级菜单要求

（1）一级主菜单项最多创建 3 项，菜单名称不能超过 4 个汉字或 8 个字母。

（2）每个一级主菜单中的二级子菜单最多创建 5 项，子菜单名称不超过 8 个汉字或 16 个字母(建议最好不超过 6 个汉字,各菜单项字数要统一)。

2. 教学活动

(1) 以小组为单位,设计农庄微信公众号版面,名称为"我的农庄",具体菜单由小组合作设计。

(2) 小组团队在大家面前分析、讲解设计思路和过程(具体设计以手机图片形式展现给全班同学)。

二、我的目标

(1) 熟练掌握编辑一级菜单、二级菜单名称。

(2) 菜单名称的编辑要求和技巧。

三、我来操作

公众账号可以在会话界面底部设置自定义菜单,我们可以按需设定菜单项,并可为其设置响应动作。用户可以通过单击菜单项、收到我们设定的消息或者跳转到设定的链接等响应动作。

1. 自定义菜单的申请方法

进入微信公众平台→功能→添加功能插件→自定义菜单。

微信公众平台自定义菜单设置方法:进入微信公众平台→功能→添加功能插件→自定义菜单→添加菜单→单击"+"添加子菜单→设置动作→发布。

注意事项:

(1) 最多创建 3 个一级菜单,一级菜单名称名字不多于 4 个汉字或 8 个字母。

(2) 每个一级菜单下的子菜单最多可创建 5 个,子菜单名称名字不多于 8 个汉字或 16 个字母。

(3) 在子菜单下设置动作,可在"发布消息"中编辑内容(在文字中可输入 600 个字或字符),或者在"跳转到网络"中添加链接地址。

(4) 编辑中的菜单不会马上被用户看到,发布成功后,会在 24 小时后在手机端同步显示,粉丝不会收到更新提示,若多次编辑,以最后一次保存为准。

2. 一级菜单、二级菜单项新建与编辑

(1) 登录微信公告号管理后台,找到自定义菜单位置,如图 8-7 所示。

(2) 在自定义菜单编辑区单击"菜单管理"处的"+",添加自定义菜单,如图 8-8 所示。

(3) 输入菜单名称,如图 8-9 所示。

先把主菜单编辑完成后,再添加子菜单,不一定每个主菜单下都要加子菜单,看自己的规划而定。

图 8-7 自定义菜单

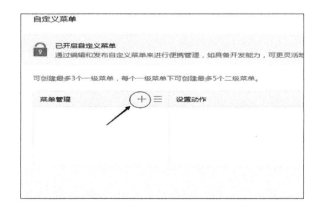

图 8-8 添加自定义菜单

图 8-9 输入菜单名称

注意事项:

① 自定义菜单可以添加 3 个主菜单,每个主菜单下面可以添加 5 个子菜单。

② 主菜单名称不多于 4 个汉字或 8 个字母。

③ 主菜单名称建议字数和风格统一。

(4) 添加子菜单的方法

鼠标指向主菜单处,会出现三个按钮,每个按钮的功能,如图 8-10 所示,如果是添加子菜单,则单击图 8-10 所示的"＋"位置。

鼠标指向时,添加好的子菜单同样具有修改和删除按钮。

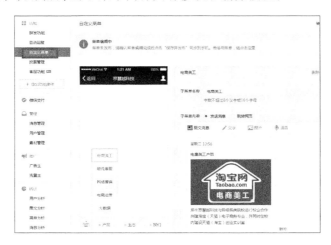

图 8-10 添加子菜单

(5) 添加动作

所有菜单添加完成之后,继续添加动作,也就是用户单击这些菜单时能做什么,微信公众平台提供了两种动作类型,一种是"发送消息",另一种是"跳转到网页",如图 8-11 所示。

注意:一旦选择动作类型不可以再修改,除非删掉菜单重新建立。

图 8-11 公众号做出的相应动作

当我们选择动作为"发送信息"时,可以添加文字、图片、音频、视频,还可以是已经编辑好的图文消息,如图 8-12 所示。

图 8-12　编辑图文信息

我们选择已经编辑好的一条图文消息,单击"确定"按钮保存。这样用户在微信公众号里单击"发送信息"就会发送出这条图文消息,如图 8-13 所示。

图 8-13　发送图文信息

当我们选择"跳转到网页"时,我们可以添加历史消息链接,让用户单击菜单后直接指向我们公众号的"历史消息",浏览所有发过的图文消息,也可以添加微网站链接,这样用户单击菜单后直接跳转到我们的官方网站,如图 8-14 所示。

图 8-14 添加网站链接

所有添加的菜单(有子菜单的主菜单除外)都要有对应的动作添加,才可以发布,否则会提示发布不成功。单击下部的"发布"按钮即可发布,如图 8-15 所示。

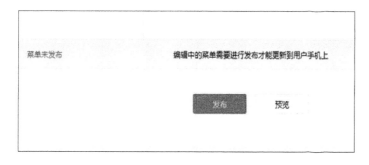

图 8-15 发布信息

菜单发布后,不一定立即生效,一般在 24 小时之内可以尝试先取消关注再重新关注,有时可以立即看到新发布的菜单效果,如图 8-16 所示。

图 8-16 发布确认

自定义菜单添加完成后,需要我们保存菜单结构。发布即可同步到公众账号手机端,用户在 24 小时内都将更新(一般几十分钟后就会更新),如图 8-17 所示。

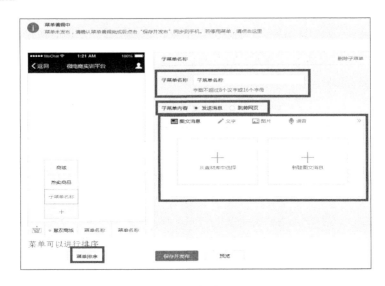

图 8-17　菜单编辑

注意：想让微信菜单生效，设置好一级菜单之后，二级菜单必须添加图文内容，菜单才能及时生效。

3．实践操作

为"我的农庄"添加主菜单和二级菜单项，要求如下。

（1）订阅号名称为"我的葡萄农庄"。

（2）订阅号主菜单起名要合理、吸引人。

（3）订阅号子菜单内容设计以实用为主。

（4）主菜单、二级菜单设计直观全面。

四、我的评价表

1．知识和技能评价表

班级：_____　　　　小组：_____　　　　成绩：_____

评价项目	项目评价内容	分值	自我评价	小组互评	教师评价	得分
实操技能	①一级菜单编辑	5分				
	②二级菜单编辑	10分				
	③主菜单命名	10分				
	④主菜单添加与编辑	15分				
	⑤子菜单添加与编辑	15分				

续表

评价项目	项目评价内容	分值	自我评价	小组互评	教师评价	得分
理论知识	①一级菜单编辑原则	5分				
	②二级子菜单编辑原则	5分				
	③信息保存和发布技巧	10分				
职业素质培养	①出勤、纪律	5分				
	②个人发言等课堂表现	10分				
	③团队协作精神	10分				

2．小组学习活动评价表

班级：_____　　　　小组：_____　　　　成绩：_____

评价项目	评价内容及评价分值			自评	互评	教师评分
分工合作	优秀(16~20分)	良好(12~15分)	继续努力(12分以下)			
	小组成员分工明确，职责清楚，任务分配合理	小组成员分工较明确，职责较清楚，任务分配较合理	小组成员分工不明确，职责不清楚，任务分配不合理			
获取、使用相关信息	优秀(16~20分)	良好(12~15分)	继续努力(12分以下)			
	能使用适当的搜索引擎从网络等多种渠道获取信息，并合理地选择信息、使用信息	能从网络获取信息，并较合理地选择信息、使用信息	能从网络或其他渠道获取信息，但信息选择不正确，信息使用不恰当			
实际操作技能	优秀(24~30分)	良好(18~23分)	继续努力(18分以下)			
	能按技能目标要求规范完成每项实操任务，能准确完成公众号主菜单项、子菜单项的编辑	能按技能目标要求规范完成每项实操任务，但不能准确完成公众号菜单项、子菜单项的编辑	能按技能目标要求完成每项实操任务，但规范性不够，不能完成公众号菜单项、子菜单项的编辑			
知识、理念分析讨论	优秀(24~30分)	良好(18~23分)	继续努力(18分以下)			
	讨论热烈、各抒己见，概念准确、思路清晰、理解透彻，逻辑性强，并有自己的见解	讨论没有间断，各抒己见，分析有理有据，思路基本清晰	讨论能够展开，分析有间断，思路不清晰，理解不透彻			
总分						

五、我想提升

1. 微信公众账号起名的八种技巧

一个好的公众账号需要优质的内容、创新的策划和服务,但是一个好的名字能体现出我们公众号的价值、服务、内容、范围、行业等信息,让感兴趣的人快速关注。不过目前而言,微信取名的方式无非就是以下八种形式。

(1) 直呼其名

直呼其名就是直接以企业名称、服务、产品名称作为微信公众号名称。比如,我们最熟悉不过的天猫、杜蕾斯、大众点评网、慧农公社、京慧越科技等。

(2) 功能实用法

这种形式可以直接将公众号的用途和服务展现出来,让用户更了解我们的平台。比如,慧农公社,就是以健康农产品供应链为主的;酒店助手,其用途就是订酒店的。另外还有欣欣旅游,就是旅游推荐的;微生活会员卡,就是商家会员卡一站式平台等。

(3) 形象取名法

它是将企业形象化或者服务产品形象化的一种手法,把具体的事物或者抽象的事物形象化,可用拟人、比喻等手法。比如,篮球公园,是篮球体育资讯的微信公众;电影工厂,帮我们最快地发现想看的电影等。

(4) 垂直行业取名法—行业名+用途

典型的微信公众号有:电影商学院、微法律、豆瓣同城、百度电影等,这些都是以一个行业加用途命名的。

(5) 提问式取名法

以问问题的方式、提问的方式取名,让关注者获得兴趣。比如,今晚看什么公众号,什么公众号能赚钱?它们分别告诉用户可以帮用户发现用户喜欢的电影、帮用户推荐理财产品和省钱方法。

(6) 另类取名法

这类公众号一般都是奔着新鲜、好玩、有趣、有料等形式去的。比如,小道消息微信公众号、Mac技巧微信公众号、冷笑话精选微信公众号等。

(7) 百科取名法

以"百科取名"的方法取名范围包含的非常广泛,为人所熟知的取名法,可能会在微信搜索中获得更多的粉丝。比如,糗事百科、健康生活百科、时尚生活小百科等。

(8) 其他取名方法

其他取名方法包括从生活、地域等一些身边比较熟悉的方面着手。我们也可以参考百度指数,人们对某些事件或者问题的关注度之类等。当然,取名方法还有很多,比如企业取名还可以采用区域加行业,如郑州京慧越科技、杭州房产等。

2. 微信公众账号取名三大忌讳

(1) 切勿使用生疏、冷僻词汇

微信属于封闭的模式,大多数用户除了分享和网站以及线下推广关注的公众平台外,很多人还是喜欢搜索关注,如果我们的名字生僻、冷僻,那么很少会有人搜,也很少会有人记得住。比如,取一个名叫"知了树"的名字为微信公众名称,除非已经做成品牌,或者是其内容非常精彩、精辟、转发率非常高,否则很难被用户搜索关注。

(2) 切勿使用宽泛词汇和大量的群体词汇做名字

宽泛的词汇不但显得我们的平台不够专业,而且还无法准确锁定客户。比如,我们起一个"美食"作为饮食公众名字显然没有以"河南美食"要好。不过具体还是要视行业而定,就像 SEO 一样,取名力求有人关注。

(3) 必须考虑社会接受程度和风俗

我们必须考虑当下社会所能接受的程度和一些地域性的风俗。比如,中国人虽然开放,但是比起西方国家还是有区别的,如果我们建一个性爱交流微信公众号怕是所有家长会强烈反对的。还有回族人不吃猪肉,如果我们在回族社区建一个区域性的卖猪肉的微信,那将会是一个什么结果,不言而喻。

任务三　微信订阅号信息编辑与发布

一、我要知道

微信公众平台可以群发的消息内容可包含文字、语音、图片、视频、图文消息,除了文字可以在群发消息时直接生成,其他四种类型都需要先在素材管理中生成原始素材。

效果展示如图 8-18 所示。

图文消息有两种形式,一种是单图文消息,另一种是多图文消息,适合推送单篇文章或者多个文章列表。本实训主要从单图文、多图文和 96 编辑器三个内容进行讲解。

二、我的目标

(1) 掌握微信公众号的菜单编辑操作。

(2) 在微信公众号编辑过程中的注意事项。

图 8-18 素材管理

(3) 掌握微信编辑器编辑单图文消息的方法与技巧。
(4) 掌握微信编辑器编辑多图文消息的方法与技巧。

三、我来操作

1. 单条图文消息编辑

单条图文消息主要由标题、封面、摘要、时间组成,主要用来管理公众平台的图片、声音、视频和图文消息内容,如图 8-19 所示。具体内容详情如图 8-20 所示的部分。

图 8-19 图文消息

(1) 图文消息预览区

可以让作者看到最终发到用户手机时的效果,但是封面图片的展示和最终效果可能会有一些差别。

(2) 文章标题

文章标题力求吸引眼球,因为当消息推送到用户手机上,用户的对话栏里优先显示的是文章标题。

图 8-20　添加图文

(3) 封面图片上传

封面图片尽量与文章主题相关,同时要符合公众账号定位,少用卡通漫画等抽象形式。图片要选择横方图,即宽度大于高度的,或者用多张竖长图做拼图也可以。如果图片里有人物,要避免人的头部图像被切去。

(4) 文章摘要

关于文章的一些简要说明,可以挑选文章中某段比较精辟的话,长度不能超过 120 个汉字。

(5) 编辑器工具栏

从左到右的功能分别为:加粗、斜体、下画线、编号列表、符号列表、图片上传、样式清除、字体大小、字体颜色、字体背景。使用方式与其他的后台编辑器一样。

(6) 内容编辑框

编辑的内容所见即所得,图片会自动缩放至合适宽度,单击鼠标右键会有菜单出现,可以调整段落左对齐、居中、右对齐,还可以插入表格。

(7) 原文链接

这是微信群发消息中唯一可以加外链的地方,很多公众账号现在都是在微信的模板里放部分内容,全部内容必须点击原文链接才可以阅读,是个导流量的好方法。

(8) 发送预览

此按钮非常有用,单击后会出现一个对话框,输入自己的微信号,单击"确定"按钮后手机会收到一条图文消息,内容格式与群发消息时用户收到的一样,可以用来检查标题、图片等格式是否正确,检查内容排版上是否有问题。由于微信的缓存机制,有时会发现预览的消息与之前一样,过段时间再次预览就可以了。

(9) 单击"完成"按钮

保存文章退出编辑模式。

2. 多图文消息编辑与发送(图 8-21)

(1) 头条图文消息预览

与单条图文消息预览非常类似,不同的是没有文章摘要区域,文章标题层叠在封面图片上。当鼠标移动到封面图片时会出现遮罩层,同时有一个笔的图标出现,单击后右边的编辑器会指向头条位置,可以进行头条消息编辑。

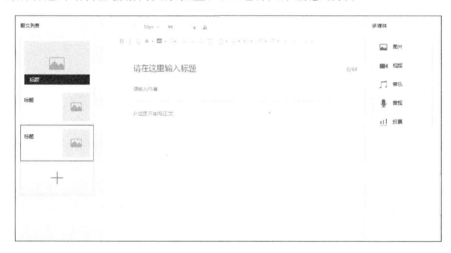

图 8-21 多图文消息编辑与发送

(2) 列表图文消息预览

这种形式就与网站的文章列表一样,只显示缩略图和文章标题。当鼠标移动到该区域时,会出现遮罩层,除了笔的图标还有回收站的图标,单击后分别执行编辑该条消息和删除该条消息。

(3) 添加一条图文消息

单击"添加"按钮后在尾部添加一条新的图文消息,此处最多可添加 7 条,加上头条图文消息一共是 8 条。

(4) 多条图文消息编辑器

除了"摘要输入框"之外,其他与单条图文编辑器是一样的,在使用中同样要注意标题长度、图片尺寸、文字内容等。编辑器会根据左边的选择,自动切换消息内容,同时箭头指向相应的图文消息。

3. 微信图文编辑器的使用

效果如图8-22所示。

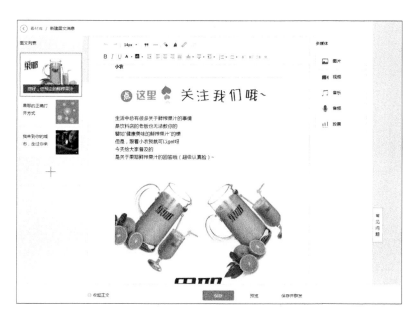

图8-22　微信图文编辑器的使用

为了使微信图文编辑更方便,可以使用自带微信公众号编辑,也可以百度搜索"96微信编辑器""秀米编辑器""图文编辑神器""91编辑器"等进行编辑,如图8-23所示。

本实训以96微信编辑器为例进行讲解实操。

图8-23　搜索96微信图文编辑器

(1) 单击"关注"选择样式,如图 8-24 所示。

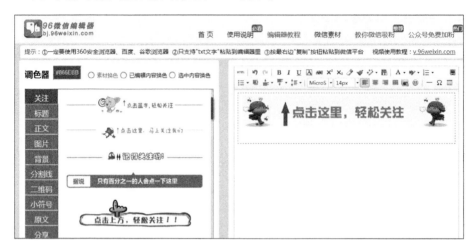

图 8-24　单击"关注"选择样式

(2) 单击"标题"选择样式,如图 8-25 所示。

图 8-25　单击"标题"选择样式

(3) 单击"正文"选择样式,如图 8-26 所示。

(4) 单击"图片"选择样式(图片模式选择后,后期微信后台可以更改),如图 8-27 所示。

(5) 单击"背景"选择样式,如图 8-28 所示。

(6) 单击"分割线"选择样式,如图 8-29 所示。

(7) 扫描二维码→阅读原文→分享原文操作,如图 8-30、图 8-31、图 8-32 所示。

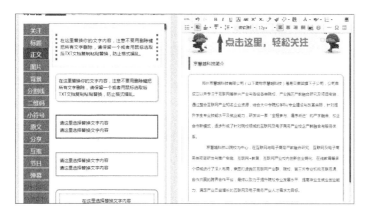

图 8-26　单击"正文"选择样式

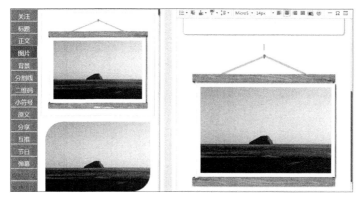

图 8-27　单击"图片"选择样式

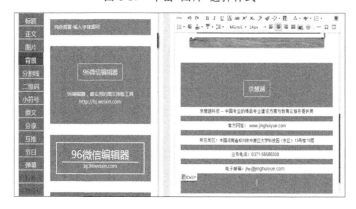

图 8-28　单击"背景"选择样式

（8）复制并粘贴 96 微信图文编辑器内容到手机预览，添加封面 900 像素×500 像素预览，如图 8-33、图 8-34 所示。

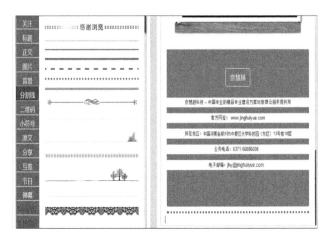

图 8-29 单击"分割线"选择样式

图 8-30 扫描二维码

图 8-31 阅读原文

图 8-32 分享原文

图 8-33 粘贴 96 微信图文编辑器

图 8-34 手机预览

4. 实践操作练习

以"我的农庄"为例,用"96编辑器"编辑一篇多图文信息,要求一篇主文章和三篇子文章。

四、我的评价表

1. 知识和技能评价表

班级:_____　　　　小组:_____　　　　成绩:_____

评价项目	项目评价内容	分值	自我评价	小组互评	教师评价	得分
实操技能	①单图文编辑	5分				
	②多图文编辑	10分				
	③订阅号命名	10分				
	④主菜单添加与编辑	15分				
	⑤子菜单添加与编辑	15分				
理论知识	①订阅号定位理念	5分				
	②订阅号主体规划理论	5分				
	③订阅号菜单命名	10分				
职业素质培养	①出勤、纪律	5分				
	②个人发言等课堂表现	10分				
	③团队协作精神	10分				

2. 小组学习活动评价表

班级:_____　　　　小组:_____　　　　成绩:_____

评价项目	评价内容及评价分值			自评	互评	教师评分
分工合作	优秀(16~20分)	良好(12~15分)	继续努力(12分以下)			
	小组成员分工明确,职责清楚,任务分配合理	小组成员分工较明确,职责较清楚,任务分配较合理	小组成员分工不明确,职责不清楚,任务分配不合理			
获取、使用相关信息	优秀(16~20分)	良好(12~15分)	继续努力(12分以下)			
	能使用适当的搜索引擎从网络等多种渠道获取信息,并合理地选择信息、使用信息	能从网络获取信息,并较合理地选择信息、使用信息	能从网络或其他渠道获取信息,但信息选择不正确,信息使用不恰当			

续表

评价项目	评价内容及评价分值			自评	互评	教师评分
实际操作技能	优秀(24～30分)	良好(18～23分)	继续努力(18分以下)			
	能按技能目标要求规范完成每项实操任务,能准确完成网店的定位与规划,并找到适合自己网店的商品	能按技能目标要求规范完成每项实操任务,但不能准确完成网店的定位与规划,寻找的商品不太合适	能按技能目标要求完成每项实操任务,但规范性不够,不能完成网店的定位与规划,没有找到适合自己网店的商品			
知识、理念分析讨论	优秀(24～30分)	良好(18～23分)	继续努力(18分以下)			
	讨论热烈、各抒己见,概念准确、思路清晰、理解透彻、逻辑性强,并有自己的见解	讨论没有间断、各抒己见,分析有理有据,思路基本清晰	讨论能够展开,分析有间断,思路不清晰,理解不透彻			
总分						

五、我想提升

软 文 撰 写

不管是用微信平台营销,还是进行品牌宣传,微信平台的内容总是最重要的。在微信公众平台发展的早期,很多朋友都在强调粉丝,通过各种方法来增长粉丝,如用工具刷,互相换,用大号带。总之各种各样的手段,层出不穷,但是当刷粉丝热潮过去之后,大家会发现不是那么容易进行。搞活动粉丝活跃度不够,搞推广效果一般,那么如何把用户转为实实在在的利润呢?如何编写软文呢?具体内容(图8-35)如下。

软文以1 000个字左右最为适宜,最多不超过3 000个字,如果内容的确较多难以缩减,可考虑拆分成多篇文章。

1. 标题

字数以5～15个字为宜,最长不超过20个字,字数太少标题容易空洞,字数太多容易引起反感。软文标题是决定读者是否点击的关键要素,因此最好是切合文章主题,标题编辑内容注意事项如下。

"新",切合当前热点时事,比如习主席视察北京师范大学。

图 8-35　软文写作流程

"惊世骇俗",反直觉思维的观点做标题,比如"大公司比小公司更灵活""做不好市场的销售不是好 HR"等。

"联想具化",运用数字、对比、类别、夸张的手法,比如"课程开发的 5 个核心""像造房子一样构建人才梯队"等。

2. 内容开篇抓眼球

读者看软文广告通常没什么耐心,如果不能在前几行内抓住读者的视线,后面的内容即使再精彩也毫无意义,避免流水账,语言要精练,前后呼应,使一篇软文浑然一体。

3. 结构清晰

文章要有个提纲挈领的摘要,字数为 120 个字,也可以作为文章的第一段。

文章分大结构,大结构下分小结构。即要有一级标题和二级标题,最好不要到三级标题。一级标题可以是总—分—总,为并列或递进的关系。

每段 100 个字左右最佳,绝对不要超过 200 个字。在微信阅读中,基本上就是 5～6 行最佳,不超过 11 行。

4. 主题突出

每篇文章的主题不宜过多,突出讨论的关键词 1～3 个,比如课程开发就主要讲课程开发,可以略带提一提讲师或学习地图,但课程开发才是主题。如果三者都要全提,就应该主要论述人才培养体系。

5. 图片专业切题

图片的选取既要显示出专业性,又要切题。

6. 广告植入

方法论植入:谈我们的主要方法,与众不同的理解。

活动植入:宣传我们的活动,什么时候举行。

案例植入:已经做过的项目,有什么经验和智慧。

实训九　QQ营销

任务一　QQ基础与操作

一、我要知道

1. 什么是QQ?
- 腾讯QQ(简称"QQ")是腾讯公司开发的一款基于Internet的即时通信(IM)软件。腾讯QQ支持在线聊天、视频通话、点对点断点续传文件、共享文件、网络硬盘、自定义面板、QQ邮箱等多种功能,并可与多种通信终端相连。
- 将我们看到的、听到的、想到的事情写成一句话(不超过10 000个字),或发一张图片,或者以视频形式通过计算机或者手机随时随地分享给朋友。
- 我们的朋友可以第一时间看到我们发表的信息,随时和我们一起分享、讨论。
- QQ是目前发展最为迅猛的互联网业务。

2. 什么是微信?
- 微信满足了年轻人成长后更换社交圈的需求。
- 微信以手机号码为账号,传递语音消息,降低了互联网的门槛,引入了一大批原来未曾使用过网络的中年新用户。
- 语音、通讯录导入好友、摇一摇、附近的人等都是基于移动端的功能。
- 它替代了短信,改变了用户习惯。
- 完全移动化的设计(无在线离线),熟人关系链,更隐私的朋友圈。
- 微信是QQ的延伸,继承了QQ庞大的用户量。
- 微信通过手机号的绑定,增加了用户的真实性。

3. QQ与微信的区别

微信可以通过手机号和验证码直接注册,并且直接导入手机通讯录中的好友。而就QQ来说,在注册时,不仅要在计算机端填写复杂的信息,而且添加好友也没有微信方便。从微信和QQ的功能、界面来看,微信更加简洁、快捷,比如微信朋友圈相对于QQ空间,后者拥有留言板、QQ日志、QQ相册等比较复杂的功能,而微信朋友圈则简单明了。

由此,微信受到了上班族和中老年用户的欢迎,而 QQ 则受到了学生等年轻用户的欢迎。但是,从移动互联网用户来看,上班族和中老年用户的规模显然要大于学生群体,如图 9-1 所示。

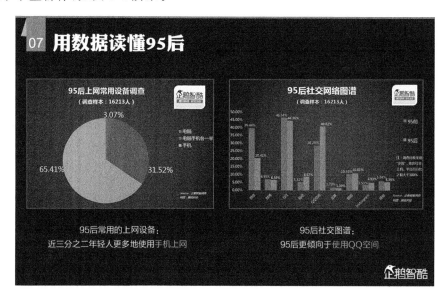

图 9-1　用数据读懂 95 后

二、我的目标

(1) 了解 QQ 及 QQ 营销的理念。
(2) 掌握 QQ 营销的设计方法和常用模式。
(3) 会运用技巧策划具有营销性质的营销内容。
(4) 能够利用腾讯 QQ 进行营销。
(5) 通过学习培养学生对行业发展趋势的敏锐的观察力和对腾讯 QQ 的使用习惯。

三、我来操作

1. QQ 营销模式
(1) 加好友

加好友,根据自己的产品服务人群去寻找潜在用户,加为好友后,详细地谈判。加为好友发宣传性的广告,然后细谈。这个方法虽然很盲目,但是最直接的营销方式。

培养感情,节日问候,选生日礼物,早、中、晚打招呼,常和别人聊天,详细解答我们的产品或服务相关的问题;在目标好友里,我们不能一味地只打广告。要培养感情,了解我们的客户心理需求,激励对方了解我们的产品或者服务。

(2)加群

首先申请QQ号,然后查找添加所在行业的QQ群(普通群、高级群和超级群最大人数分别是100人、200人、500人)。进群后与群主或管理员沟通交流,然后在适当时机发些广告。发布的广告词,写得必须有吸引力,只要有人对产品或服务感兴趣就会联系我们,也增加了我们网站的曝光率。

加群技巧:找一些与我们的网站(产品)相关的QQ群,最起码群成员大部分是我们的网站有针对性的用户群,并且群人数越多越好,级别越高越好。比如,网站是本地网站,主要是针对本地网民。那么我们就利用QQ群查询关键词功能,用地方名来查询QQ群,在查询结果页,有"按最高人数""按最活跃""按最高级"排列方式,进行相应选择即可。

(3)建QQ群

正如现在很流行的一句话"我的地盘我做主",在别人的群里做推广肯定不如自己的群给力。这是源于群主和管理员在群里的权威性,所以大家应该多建群。如果QQ级别不够,建不了群,或者QQ只能建一个群,则加入VIP会员,一个普通号需要15级(也就是一个太阳)才能建1个100人的普通群,而1个4级(也就是一个月亮)的VIP会员可以建4个200人的高级群,如果我们加入会员的时间足够长,则升级到VIP6的级别,就可以建1个500人的超级群和4个200人的高级群。

建群注意事项如下。

① 在条件允许的情况下,多建高级群,人多、有规模,就会给人感觉比较有实力,比较权威。

② 给群取名要有针对性。比如我们的群取名为"网络营销精英部落",相信看到这个名称就应该了解群的定位了。不过有一点,希望入群的朋友都能有比较好的用户体验,所以只会发滚动广告。

③ 在群员的组成上要注意男女比例,俗话说:"男女搭配,干活不累",这个真理就像地心引力一样真实。在QQ群里,女成员是有足够的号召力的,至少有足够的吸引力。

④ 招几个负责任的管理员,一个人的力量是有限的,要想让群保持健康活跃的发展,这是必要的条件。

⑤ 保持群的活跃度,这样成员才会对群有归属感和信任感,为以后的推广奠定基础。要多组织一些群内的活动,让群成员之间更好的互动。

2. QQ营销技巧

(1)QQ名称。起好名字是经营QQ营销的黄金开端,名字是伴随我们成长的重要标志,QQ名称代表QQ的定位,给加入QQ的好友提供一个参考标准。各行业产品或服务不同,取名也不相同,最好是用自己公司的产品或者服务的核心关键词取名,让别人一眼看出这是做什么的,这就是职务定位或赢利模式定位。

(2) 填写个人资料。个人资料越详细越好,让别人了解我们,诚实、可靠,增加信赖感。

(3) 上传图片。图片越多、越清晰越好,公司证书、产品、厂房、宿舍、车间、设备、员工风采等,让别人了解我们的产品或服务,增加信任感。

(4) 写日记。
- 内容以成功分享、技术资讯、行业新闻、常见问题解答、视频讲座、公司动态等为主;
- 标题以新、奇、特、问题式、结果式、娱乐型、好处型等形式展现;
- 关键词;
- 超链接,图片或视频;
- 文字;
- 收尾、联系方式、相关文章;
- 页面装饰。

(5) QQ签名。

QQ签名的好处就是我们修改签名后在好友那边就会有提示,显示我们新修改的信息。这是个极好的宣传自身产品的渠道,如果我们的QQ号上都是潜在客户,我们可以经常发布一些平台信息,好友看到有意向的话就会和我们联系。这个和QQ空间的日志、相册等一样,只要我们更新了,好友就能看到提示。

(6) 音乐。目的是吸引爱好音乐的朋友来增加我们的空间流量。

(7) 创QQ微博。QQ微博只有被邀请才能开通,现在直接在QQ客户端就可以写微博。所以每天都有很多人加入微博,很多人互相关注,很多人写自己想说的话。我们可以充分利用微博的广泛性,写上产品特色,每天更新信息,多关注其他网友,互相交流。

(8) 游戏。目的是吸引爱好游戏的朋友增加空间流量。

(9) 投票、礼物。目的是增加好友友情,增加空间流量。

(10) 首页装饰、制作上传视频。

(11) 快捷回复菜单设置:提高沟通速度。

3. QQ营销原则

(1) 对于新加入群的人,应该以先建立感情、后推广为主要原则。

(2) 广告本着少而精的原则。

(3) 坚持效果最佳的原则。

4. QQ营销推广

（1）QQ群推广

QQ群推广是一个长期酝酿的过程，需要在群里建立长期的人际关系，才会起到好的推广效果。

- 当涉足某个行业的时候，需要对这个行业有所了解，加行业群是最好的方法，这样便于与很多行业前辈进行交流，同时也便于寻求合作。作为网络营销人员，加入30个以上的行业群是很正常的现象；而且正确地选择目标群，也是QQ群推广的要点。

- 入群莫激动，切记不要刚入群就发广告，留下链接，应该先做铺垫。无论是加群还是建群，都应该先建立感情，再推广。合理利用群名称、公告栏，不过这些只有群主和管理员才能操作，所以要尽可能自己建群或者担任管理员。合理利用群空间的功能，如群论坛、群共享、群相册、群投票，都是极佳的推广途径。在群里多回复别人提出的各种问题，把自己打造成专家；让更多人信赖我们，不断回踩好友空间，认可对方看法和赞美，留言附加广告和联系方式，达到推广效果。

- 同一条推广信息每天只发一次。字体和颜色最好使用默认的，至少要看着舒服，尽量不要发硬性的广告，而是把营销推广融入到平时的交流中，自然地植入，是最容易让人接受的。

- 变群友为好友跟踪：三个月更换一次QQ群，把群里的意向客户加为好友，便于进一步和意向客户交流和增加新客户来源。

（2）QQ邮箱推广

需要推广的邮件要提前编辑，如何写才能让更多人看到呢？应该抓住以下几个特点。

- 要有一个吸引人的标题，在邮件中尽可能少体现广告词语，让用户感觉到我们这篇文章不是广告。

- 解决用户的需求，任何一个产品不能解决用户的需求，那么这件产品就是一个失败的产品，只有满足用户需求，才是一个好产品，要有成功案例分享和零风险承诺，这样才有说服力。

- 广告以招聘式、新闻式、活动式、成功分享、事件型等在邮件上体现出来，最后一定要留下联系方式。

合理利用群邮件是QQ群推广中行之有效的方法，其原因是当群成员不在线的时候，再次上线也会收到这份邮件提醒，而且这份邮件会长期保留在群成员的QQ邮箱里，但缺点是必须开通了群邮件功能的群才可以另外提醒群主朋友，关于群邮件的设置入口，是在QQ邮箱里，不是在QQ群里。群邮件发送要适量。

QQ群邮件发送技巧如下。

- 不能不停地"粘贴""发送"。QQ群邮箱可以屏蔽广告宣传，如果我们不停地发送同样的内容,会禁止我们发送。所以在发送邮件的时候,每发一篇就对内容进行一些更改,并且每封邮件都要用不同的标题(不要脱离宣传材料主题)。每发送一封,停一会儿,然后再接着发送。每封信发送间隔大于 30 秒,每发送 4~5 封应"休息"一会儿,不要低于 1 分钟。

- 快捷邮件回复菜单设置:在邮箱自动回复处增加希望要发的广告内容。

分析整理:发完邮件要注意"维护",坚持定期发送,不要太频繁,隔几天发一次即可。从星期一到星期日,有计划地每天发几个群,轮流发,并做好记录,把有回复的朋友加到好友里面来,把三个月没有回复的群换成新群。

5. 营销实操

(1) QQ 群

QQ 群是腾讯公司推出的多人交流的服务。群主在创建群以后,可以邀请朋友或者有共同兴趣爱好的人到一个群里面聊天。在群内除了聊天,腾讯还提供了群空间服务,在群空间中,用户可以使用群 BBS、相册、共享文件等多种方式进行交流。

实操一 创建 QQ 群

现在 QQ 用户只要 QQ 等级达到 4 级(月亮)即可创建 1 个 QQ 群,具体如图 9-2 所示。

QQ用户	创建数量和资格
☽ 以上 1月亮(4级)	1个普通群
☺ 以上 16级	2个普通群
☺☺ 以上	3个普通群
☺☺☺ 以上	4个普通群
超级QQ	可创建4个群,且能与QQ会员创建群资格叠加
VIP1-5	可创建4个高级群LV1(或普通群)
VIP6	可创建1个高级群LV3
VIP7	可创建2个高级群LV3
年费用户	可额外创建1个高级群LV3

注:QQ会员用户、超级QQ用户QQ等级同时达到月亮(4级)及以上才能创建群
普通用户、QQ会员用户、超级QQ用户建群资格可相互叠加

图 9-2 创建资格一览表

创建群有以下两种方法。

第一步,进入 QQ 客户端选择"创建一个群",系统会为我们链接到群空间网站创建,如图 9-3 所示。

图 9-3　群空间网站创建

第二步,直接登录 QQ 群页面后,在群首页右上方选择"创建"中的"创建群",在打开的页面中单击"创建新群",如图 9-4、图 9-5 所示。

图 9-4　创建群　　　　　　　　　　图 9-5　创建新群

然后选择需要创建的群类型,根据页面提示操作即可,如图 9-6 所示。

图 9-6　选择群类型

（2）群成员管理

在群上右击，选择"成员管理"，如图 9-7 所示，进入成员管理界面，选择"群成员"，进行管理员设置，如图 9-8 所示。

图 9-7　成员管理

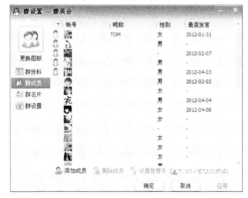

图 9-8　管理员设置

添加成员，选择联系人，如图 9-9、图 9-10 所示。

图 9-9　添加成员

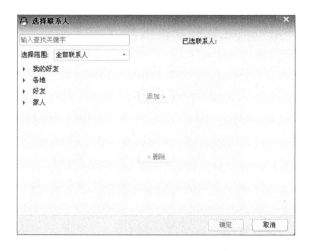

图 9-10　选择联系人

（3）QQ 群营销

每五个 QQ 拥有者就有一个 QQ 群，但是如果把 QQ 群当做运营模式，广告定位与广告技巧就成为重点，当广告发到让别人感觉不像是广告而是诱惑的时候，就是最高境界。

注意事项如下。

• 设置群公告。在公告里可以写上对本群的介绍，自己的群肯定要加上自己想推广的产品。同时也要重点在群公告里写出群规，不可以随意发广告，违者会受到一定处罚。

• 设置群相册。群相册中可以放上网站的 LOGO，图片代替文字，给人的影响会更深刻，提高网站的知名度。

• 利用群论坛，发布帖子。每天更新帖子，帖子中的内容最好加上链接，可以链接到网站首页等。

QQ 群营销技巧如下。

• 加入一个新群，我们不要急着去做宣传、发广告。首先我们要在群里成为活跃分子，与群中管理员搞好关系（一对一营销）。

• 在有以上效果的时候，本着广告少而精的原则，一天只发 1~2 次广告。所以我们的广告文字或者图片一定要吸引眼球。

• 在大家都在培养群内感情的时候，我们可以适当地植入广告。

• 利用群空间的相册。我们可以上传一些广告性质的图片到群空间相册，但是不能太明显地直接插入广告，可以做一些美图但却有我们需要宣传的内容。

• 将自己编辑好的软文以群邮件的方式发出去，切记一定不能直接发广告，一定要做软广告。

利用群共享的功能或者百度网盘上传我们的软件、技术文章等(病毒营销)。

(4) 发布QQ内容以及发布拍摄视频和直播

转发:对其他人的"说说"进行转发,同时可加上转发理由,从而达到传播的效果。

评论:对其他人的"说说"进行评论,发表自己的看法。

收藏:点击后可以将该条"说说"内容加入到"我的收藏"中。

签到:可以签到自己的"每日一签"。

QQ相册:我们可以发布自己的产品照片,让消费者了解观看产品。

QQ日志:我们可以发布产品文章和产品动态,让消费者能够更好地了解。

QQ心情:这一板块我们能够很好地和消费者进行互动。

QQ留言板:这样消费者可以进行留言,知道消费者的需求。

QQ视频:发布一些产品的视频可以让消费者更好地了解产品,虽然需要一些费用,但是还是很划算的。

QQ签名:QQ签名是一个很重要的细节。大多数人在QQ签名上写的是产品信息、联系方式。我们应经常更新QQ签名。如果QQ空间里发表了新文章,也应在QQ签名上写出来,告诉大家,这样可以引导他们第一时间来看我们的新文章。

6. 操作实践

QQ营销以休闲娱乐为主题,推送"我的农庄"采摘各种活动,详细资料自行下载。

(1) QQ群的建立。

(2) 加入其他群。

(3) 包含三种QQ营销技巧。

(4) 信息转发与评论。

(5) 视频与直播(结合QQ营销理念进行)。

四、我的评价表

1. 知识和技能评价表

班级:_____ 姓名:_____ 成绩:_____

评价项目	项目评价内容	分值	自我评价	小组互评	教师评价	得分
实操技能	①QQ建立	5分				
	②加入其他QQ群	10分				
	③QQ群营销技巧	10分				
	④QQ转发与评论营销	15分				
	⑤QQ视频与直播营销	15分				

续 表

评价项目	项目评价内容	分值	自我评价	小组互评	教师评价	得分
理论知识	①QQ营销理念	5分				
	②QQ营销技巧	5分				
	③视频与直播营销理念	10分				
职业素质培养	①出勤、纪律	5分				
	②个人发言等课堂表现	10分				
	③团队协作精神	10分				

2．小组学习活动评价表

班级：＿＿＿＿＿＿　　小组：＿＿＿＿＿＿　　成绩：＿＿＿＿＿＿

评价项目	评价内容及评价分值			自评	互评	教师评分
分工合作	优秀(16～20分)	良好(12～15分)	继续努力(12分以下)			
	小组成员分工明确，职责清楚，任务分配合理	小组成员分工较明确，职责较清楚，任务分配较合理	小组成员分工不明确，职责不清楚，任务分配不合理			
信息编辑与发布	优秀(16～20分)	良好(12～15分)	继续努力(12分以下)			
	能使用适当的QQ营销理念分析信息并编辑与发布，通过三种以上QQ营销方法进行营销	基本能使用简单的QQ营销理念分析信息并编辑与发布，通过2种QQ营销方法进行营销	基本能使用QQ营销理念分析信息并编辑与发布，通过1种QQ营销方法进行营销			
实际操作技能	优秀(24～30分)	良好(18～23分)	继续努力(18分以下)			
	能按技能目标要求规范完成每项实操任务，能准确完成QQ营销的定位与规划，并找到适合自己营销方式	能按技能目标要求规范完成每项实操任务，但不能准确完成QQ营销的定位与规划，营销方式不太合适	能按技能目标要求完成每项实操任务，但规范性不够。不能完成QQ营销的定位与规划，没有找到适合自己营销方式			
知识、理念分析讨论	优秀(24～30分)	良好(18～23分)	继续努力(18分以下)			
	讨论热烈、各抒己见、概念准确、思路清晰、理解透彻、逻辑性强，并有自己的见解	讨论没有间断、各抒己见，分析有理有据，思路基本清晰	讨论能够展开，分析有间断，思路不清晰，理解不透彻			
总分						

五、我想提升

QQ 营销的特点

1. 覆盖范围广

对于国内上网的用户来说,打开电脑的第一件事就是打开 QQ,而有的用户还同时拥有好几个 QQ,最新统计,QQ 最高同时在线人数是 176 375 723 人,超过了世界上大部分国家的人数。对于面对如此巨大的用户基数,几乎覆盖所有中国网民的 QQ,绝对是做营销推广的第一选择。

2. 针对性强

QQ 是基于一对一交流的沟通工具,在 QQ 群中还可以进行一对多营销。无论是一对一还是一对多,我们都能通过用户的细分,进行更加精准的推广。因为 QQ 群都是有一定主题的,毕竟对于 LV3 的高级群来说也只能容纳 500 人,群中的用户都是与主题有关。

3. 花费成本低

如果我们想把 QQ 营销推广做得更好,最好是 QQ 会员,因为 QQ 会员可以用红色名字显示并排在普通在线用户之前,这对于提高曝光率非常有好处。

4. 操作方便

QQ 对于其他专业的推广来说,操作十分方便,既不需要会编程,也不需要过多的设置,只要会寻找好友、添加好友、打字聊天,我们就能可以进行 QQ 营销推广。

5. 持续高效

在 QQ 中和网友们建立良好的关系以后,做推广必将得心应手,特别是当我们在 QQ 群的推广中发挥出色成为群管理员时,一切营销推广就变得简单了。

任务二　QQ 营销技巧

一、我要知道

QQ 营销的核心是流量,成交的核心是信任。那么 QQ 群营销具有哪些优势呢?最突出的有三点:即时效果、互动性强和精准定位。营销的最终目的是成交,那么即时性和互动性就很重要,定位的精准性决定了我们的收入多少以及后续的可持续性发展。

(1) 即时效果

QQ 群总是有一批用户时时在线,营销广告像聊天信息一样发布出来后,用户立即可以看到,可以即时将营销信息让用户了解,门户广告能够达到这样的效果,但是搜索引擎营销、论坛营销基本上都达不到这个效果。

(2) 互动性强

论坛营销也有这样的互动性,但互动速度略慢,搜索引擎营销和 Banner 广告的互动性都较差,QQ 群营销因为依赖于群,所以当信息发布后,可以与用户互动,收集用户对产品的建议,或者一步步引导用户了解产品。

(3) 效果可追踪

QQ 群营销可以附带网页链接,如果在链接中以登录页中加入用户行为跟踪程序,就可以精确计算出用户互动的最终效果,CPL/CPS 都是没有问题的。

(4) 精确定位

QQ 群营销是典型的按用户习性特点自然分群的,所以 QQ 群营销可以实现精确定位。

(5) 形式多样

QQ 群营销可与链接结合,利用网页进行二次营销。另外 QQ 群营销还包括群内的邮件营销、群内论坛营销,QQ 群营销的模式既可以是文字,也可以是图片。

二、我的目标

(1) 掌握 QQ 群营销方法。

(2) 掌握 QQ 空间营销方法。

(3) 掌握 QQ 直播营销方法。

三、我来操作

1. 理论知识

(1) QQ 营销定义

QQ 营销是 IM 营销的一种,那么什么是 IM 营销呢?

IM 营销又称即时通信营销,是指营销工作者运用现有的网络通信工具实现的及时的、实时的信息交流和收发从而产生效益的一种销售手段。IM 营销手段又可以分几种:QQ 营销、MSN 营销、百度 HL、YAHOO 通等。

(2) QQ 营销形式

QQ 营销形式有群公告、群相册、群聊天、群名片、群邮件、新人报道、群动态、群社区、群共享、群活动等。

(3) QQ 营销作用

QQ 营销能够实现及时的面对面的交流,及时地反馈和回答交流者双方的问题与答案。在交流中增进买卖双方成功的概率,因此成为现在流行的一种营销手段,也是目前应用最广泛的营销方法之一。

(4) QQ表情推广

制作专门的图片进行推广,最好是趣味性的,适合网民保存的。网民现在都喜欢图文并茂的方式,这样能够让大家在交流的同时,无意间也很好地穿插了我们的广告信息。

(5) QQ营销的基本技巧

在QQ中更潜藏的一个含义是它非常精准,能够与对方一对一地交谈,这是网络推广少有的精准营销。QQ营销还能增加用户的黏性,同时以后对我们个人品牌推广是一个很重要的工具。

2. QQ聊天技巧

(1) 语气助词别乱发。

(2) 称呼别乱用。

(3) 聊天打字的速度。

(4) 沟通时机要找准。

重点:要真实,注意礼貌用语,学会换位思考。

3. 实际操作

(1) 给自己的QQ好友群发

读入自己QQ中的好友,专门实现对好友的信息发送。当然这种推广不能发一些垃圾内容,毕竟是自己的好友,发一些软文之类的效果比较理想。

(2) 群发所有在线的QQ

QQ营销不需要将用户添加到QQ好友列表,直接发送信息,迅速地将我们的广告信息发送到所有在线的QQ用户,所发送的内容完全由用户指定,可以发送我们的产品宣传、供求信息,甚至网址。

(3) QQ群群发

在QQ群里不能单纯发"欢迎访问某某网站"之类的广告,而应该注意技巧,可以选相关网站的几篇好文章,把文章标题和访问地址发到群里。另外,在QQ群里发消息,要选上网高峰时发,这样效果更好。如早上10:30—11:30、下午3:30—5:00、晚上8:30—9:30才是最好时机,此时在线人数最多。

(4) QQ群聊

每天抽一定时间在群里发言,就像我们刚开始接触SEP加相关QQ群学习,每天与群里面的人搞好关系,甚至争取管理员身份,提高一定知名度,偶尔带上自己推广的信息帮别人解决问题。

4. QQ营销实例解析

(1) 寻找意向客户

以家具行业为例,目前上海地区最有影响力的楼房网站是搜房网,所以首先进入搜房网。下一步就是单击搜索,弹出相关窗口拉到页面最底部。此时,注意新房导航类目里的"本月入住",点击进去,各个月收房的楼盘就会出现一个列表,列表里基本都是该月份收楼的楼盘,但是,搜房的资料是资料员进行统计的,而收房的时间会受到很多因素影响,所以搜房收集的资料只能作为一个参考,究竟是不是本月收楼,我们要以后才知道,但是百分之八十以上是准确的。

(2) 加群

① 打开QQ,找到QQ群查找的页面。

② 如何加群?QQ群营销分为两种,第一,加入别人的群;第二,自建群。

加群营销做得最多的也无非两点,第一,QQ群名片营销,在业界这种方法统称愿者上钩,第二,提取群成员,继续后续的一系列营销,其操作步骤如下。

第一步,搜寻种子用户。我们可以加入一些有人气、活跃的群,通过私聊的方式找到一部分和我们感兴趣的人。一般种子用户需要聊得比较好,性格比较适合,他愿意支持配合我们以后在群里的工作,最好也愿意往这方面事业发展的人群。

第二步,种子用户有了,接下来就是要制定好一套群规则。无规矩不成方圆,包括群通知、规则、广告声明、群员头衔、活动、作业等,规则一旦定了,一般很少会变动,同时我们和种子用户也必须严格遵守。

第三步,开始建群。种子用户全部拉入群后,安排好各自的工作,通过裂变的方式让种子用户拉相关人进群,这样群里面的人会越来越多。同时作为管理员的我们也要对群成员不断进行筛选,这样群才会慢慢精准活跃起来。之后要注重群的等级和排名,群搜索排名起来了,会有很多自动加群的,或者也可以通过加群的说明引向另外一个新群。

第四步,后续发展。当我们一个2000人超级QQ群满员后,通过对群的管理维护,找出一批忠实的用户,再去发展我们的下一个超级群。通过这样的运作方式,我们的群会越来越多,客户也越来越多。

营销靠的是创意,无论是网络营销还是实体营销,好创意才能带来好的营销效果。做QQ空间营销,就必须让潜在客户了解我们的广告信息。给广告信息应写成一篇有诱惑力的文章(标题尤其要有吸引力),文章里一定要留下详细的联系方式,并且还可以插入产品图片。在每篇文章的结尾,给广告文章做一个超级链接。此链接一定要用红色粗体标出,这样才显眼。我们引导潜在客户去点击那个红色的超级链接。潜在客户读完我们的文章后,只有1秒钟的时间继续停留。此时我们要利用这1秒钟的时间,引导潜在客户去点击我们的广告。

5. 实践操作练习

以"我的农庄"为例,建立QQ群,要求体现出加好友、加群和群聊技巧,体现QQ营销理念和操作技巧。

四、我的评价表

1. 知识和技能评价表

班级：_____　　　姓名：_____　　　成绩：_____

评价项目	项目评价内容	分值	自我评价	小组互评	教师评价	得分
实操技能	①QQ建立	5分				
	②加入其他QQ群	10分				
	③QQ群营销技巧	10分				
	④QQ转发与评论营销	15分				
	⑤QQ视频与直播营销	15分				
理论知识	①QQ营销理念	5分				
	②QQ营销技巧	5分				
	③视频与直播营销理念	10分				
职业素质培养	①出勤、纪律	5分				
	②个人发言等课堂表现	10分				
	③团队协作精神	10分				

2. 小组学习活动评价表

班级：_____　　　小组：_____　　　成绩：_____

评价项目	评价内容及评价分值			自评	互评	教师评分
分工合作	优秀(16~20分)	良好(12~15分)	继续努力(12分以下)			
	小组成员分工明确，职责清楚，任务分配合理	小组成员分工较明确，职责较清楚，任务分配较合理	小组成员分工不明确，职责不清楚，任务分配不合理			
信息编辑与发布	优秀(16~20分)	良好(12~15分)	继续努力(12分以下)			
	能使用适当的QQ营销理念分析信息并编辑与发布，通过三种以上QQ营销方法进行营销	基本能使用简单的QQ营销理念分析信息并编辑与发布，通过两种QQ营销方法进行营销	基本能使用QQ营销理念分析信息并编辑与发布，通过一种QQ营销方法进行营销			

续 表

评价项目	评价内容及评价分值			自评	互评	教师评分
实际操作技能	优秀(24~30分)	良好(18~23分)	继续努力(18分以下)			
	能按技能目标要求规范完成每项实操任务,能准确完成QQ营销的定位与规划,并找到适合自己营销方式	能按技能目标要求规范完成每项实操任务,但不能准确完成QQ营销的定位与规划,营销方式不太合适	能按技能目标要求完成每项实操任务,但规范性不够,不能完成QQ营销的定位与规划,没有找到适合自己营销方式			
知识、理念分析讨论	优秀(24~30分)	良好(18~23分)	继续努力(18分以下)			
	讨论热烈、各抒己见、概念准确、思路清晰、理解透彻、逻辑性强,并有自己的见解	讨论没有间断、各抒己见,分析有理有据,思路基本清晰	讨论能够展开,分析有间断,思路不清晰,理解不透彻			
总分						

五、我想提升

如何挖掘免费广告资源

(1) 可以把关键词添加到QQ群发、共享、签到中

软件推广中最传统的网络推广方式就是利用QQ聊天来进行推广。给QQ好友、QQ群发特定的推广信息以完成推广任务,这种方法效果不错,如果我们直接发带有链接的消息,能直接为我们的广告页面带来真实流量;如果我们发的广告是目标群体,很容易为我们带来客户。使用这种推广方式要注意两点,一是精确确定目标群体,二是巧妙构造广告语言,要注意推广有度。

(2) QQ签名中成功应用关键词

QQ签名是经常更换的,如果利用QQ签名,推广的主动权就把握在自己手中,可以把签名中换成自己想要推广的信息,不仅不受限制,也能起到很好的推广效果。

巧用QQ资料推广最好用女孩头像,上传几张漂亮的图片。这样就会有大量的人查看我们的QQ资料,在别人加我们为好友的同时也能看到我们所发布的信息和内容,在某种程度上也起到了一定的推广作用。